超音樂理論

泛音・音・音程・音階

侘美秀俊 監修　坂元輝彌 繪製
徐欣怡 翻譯

前言

因為想把樂理學好而翻開樂理書，但看到一半腦袋就打結，最後還是半途而廢的人……應該相當多吧？還有，打算學習樂理的人在一開始什麼都不懂，就直接讀正經八百的樂理書，肯定會有摸不著頭緒的感覺。本書是以漫畫形式寫成的樂理入門書，希望能降低樂理書的門檻，架起一道通往樂理世界的橋樑。各位可以藉由單元開頭登場人物——悅里和老師——之間的對話，學到樂理的基礎知識，漫畫後面的詳細解說則可以加深理解。對初學者來說，用輕鬆詼諧的漫畫學習樂理，絕對比那些寫滿艱深專業術語的樂理書容易許多。非常希望各位能在閱讀的過程中，漸漸理解理論的基礎，也就是音的組成及構造，伴隨著「原來是這樣呀！」或「哦！」的反應，興味盎然地看到最後。

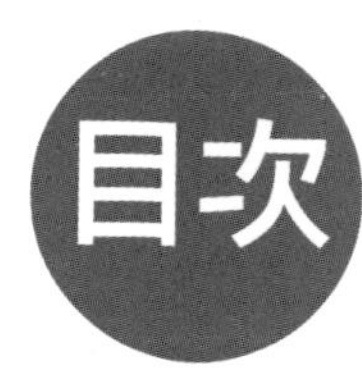

目次

登場人物介紹

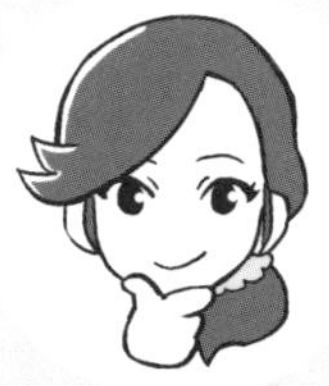

悅里

短大女生。將來的夢想是成為幼教老師，目前正在準備幼教考試。個性開朗活潑、好相處，不過一旦生氣起來就會露出嚇人的一面，令人不禁懷疑過去是不是小太妹。

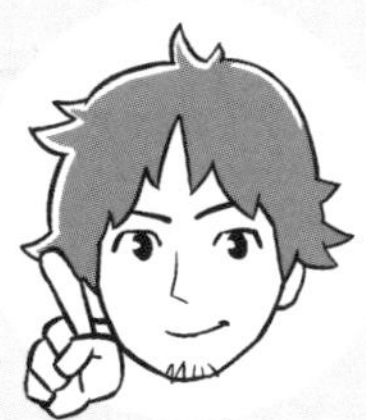

老師

自稱是作編曲家。悅里的青梅竹馬。曾遠赴國外學習音樂，回國至今一直默默無名。目前在老家開了一間音樂教室，教小朋友彈樂器，其實是不折不扣的尼特族。

Chapter 3

音階

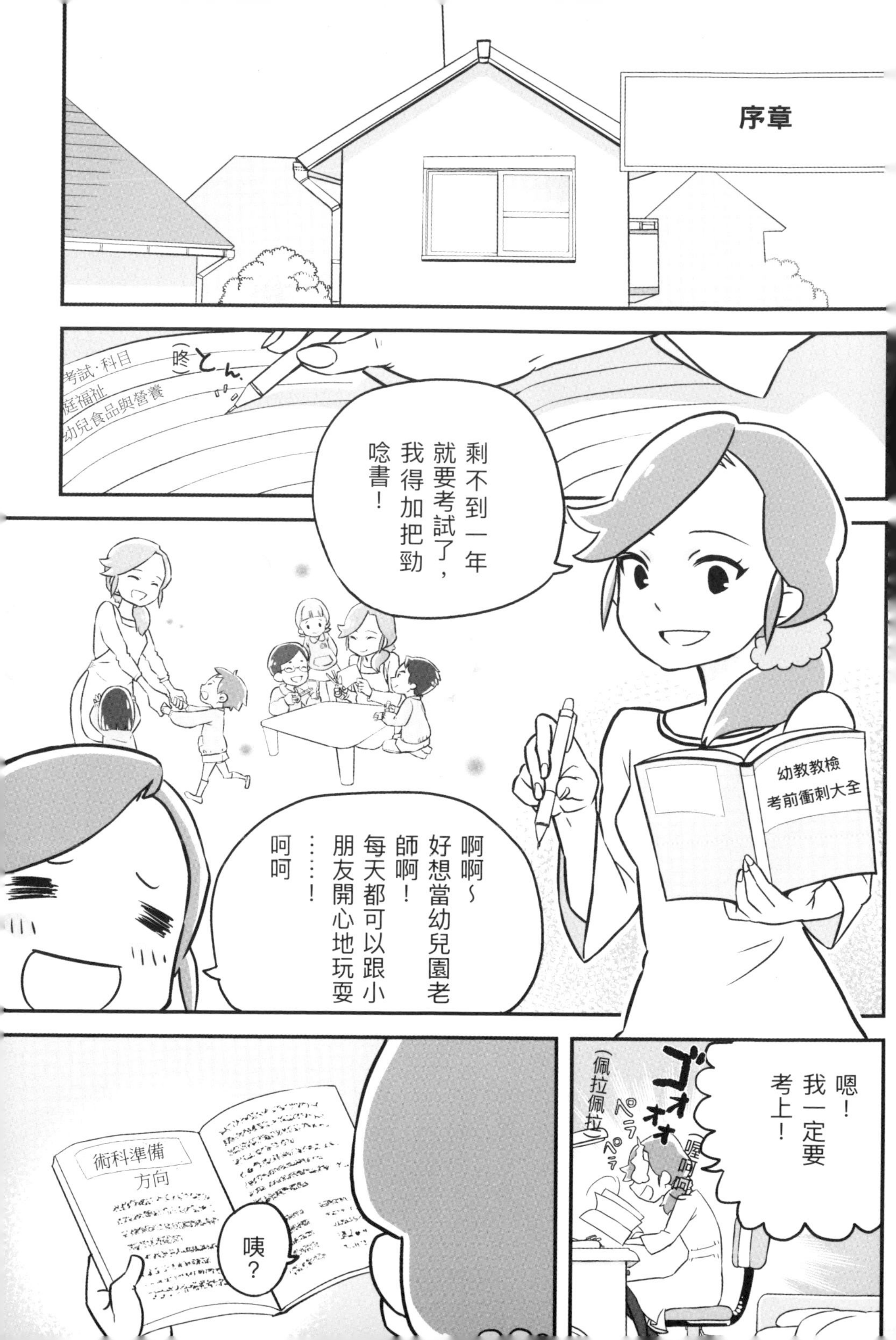
序章
考試·科目
庭福祉
幼兒食品與營養
（咚）
剩不到一年就要考試了，我得加把勁唸書！
啊啊～好想當幼兒園老師啊！每天都可以跟小朋友開心地玩耍……！呵呵
幼教教檢
考前衝刺大全
嗯！我一定要考上！
（喔呵呵）
（佩拉佩拉）
術科準備
方向
咦？

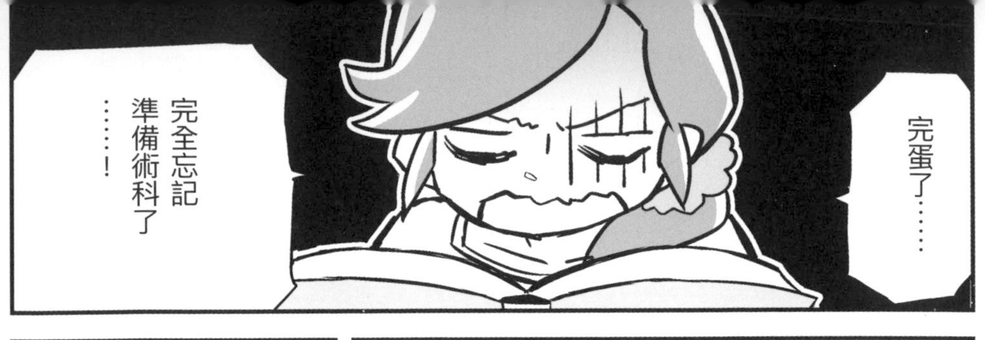
完蛋了……
完全忘記準備術科了……！

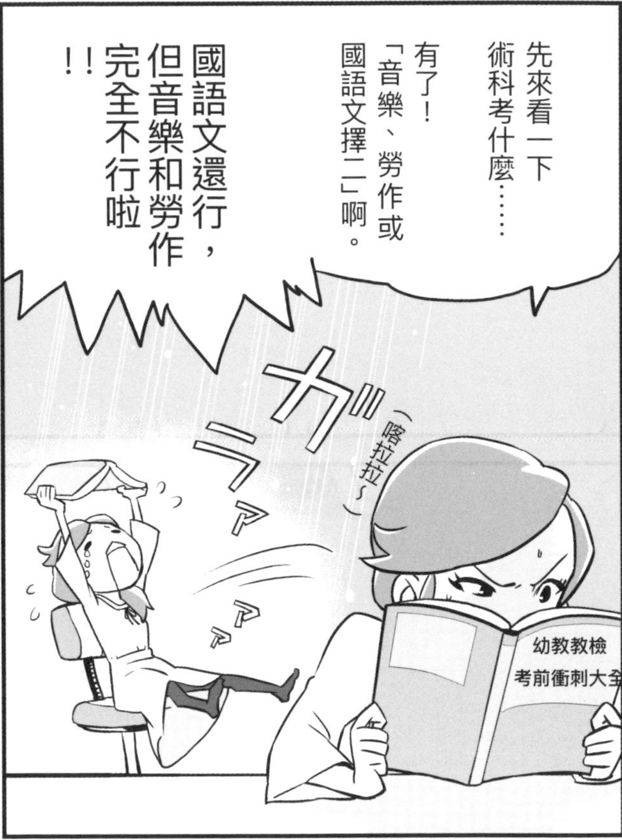
先來看一下術科考什麼……
有了！「音樂、勞作或國語文擇二」啊。
國語文還行，但音樂和勞作完全不行啦！！
ガラァァァ
（喀拉拉～）
幼教教檢
考前衝刺大全

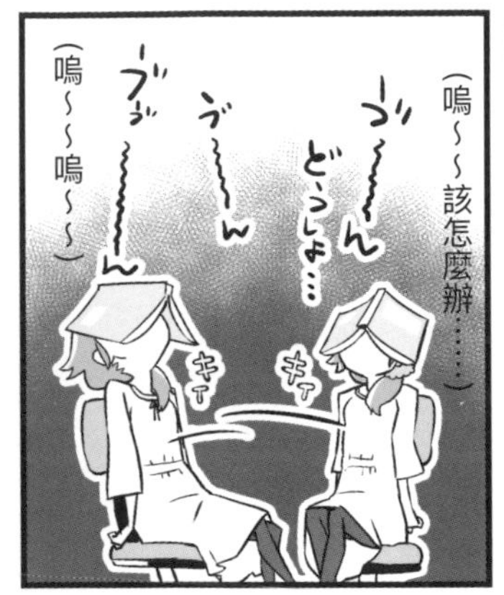
ゔ～～ん どうしょ…
（嗚～～該怎麼辦……）
ゔ～～ん
ブゔ～～ん
（嗚～～嗚～～）
キィ
キィ

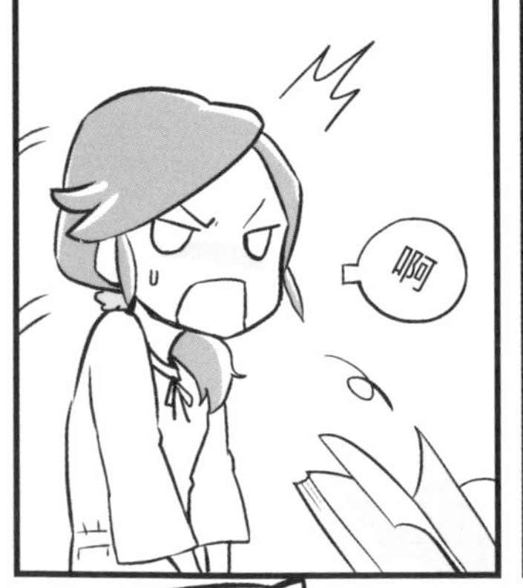
啊

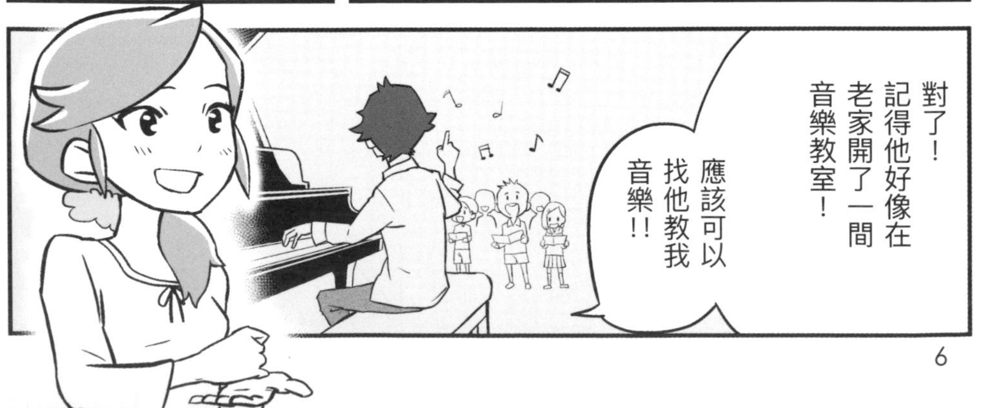
對了！記得他好像在老家開了一間音樂教室！
應該可以找他教我音樂!!

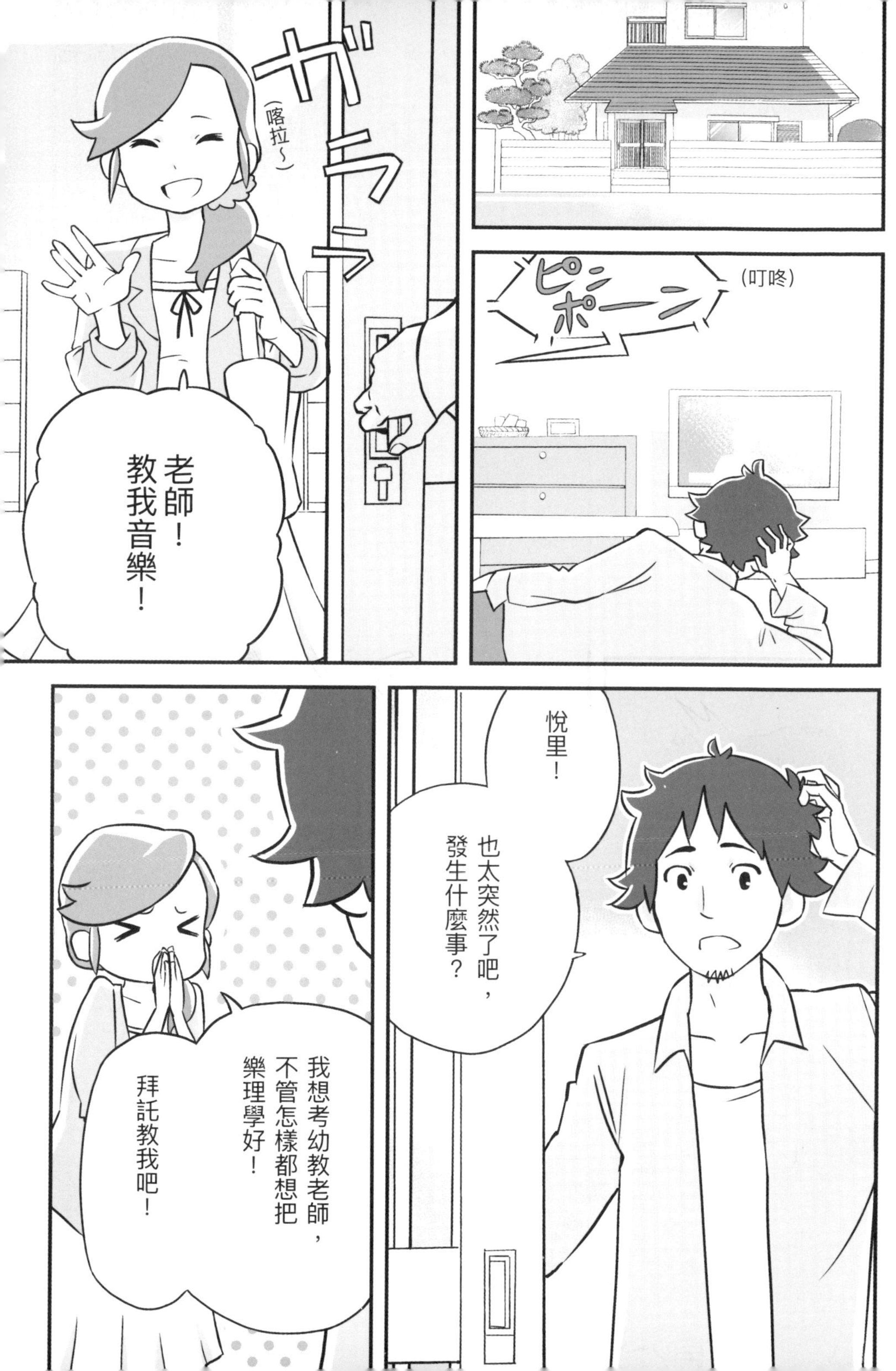
ピンポーン
（叮咚）
ガラッ
（喀拉～）
老師！教我音樂！
悅里！
也太突然了吧，發生什麼事？
我想考幼教老師，不管怎樣都想把樂理學好！
拜託教我吧！

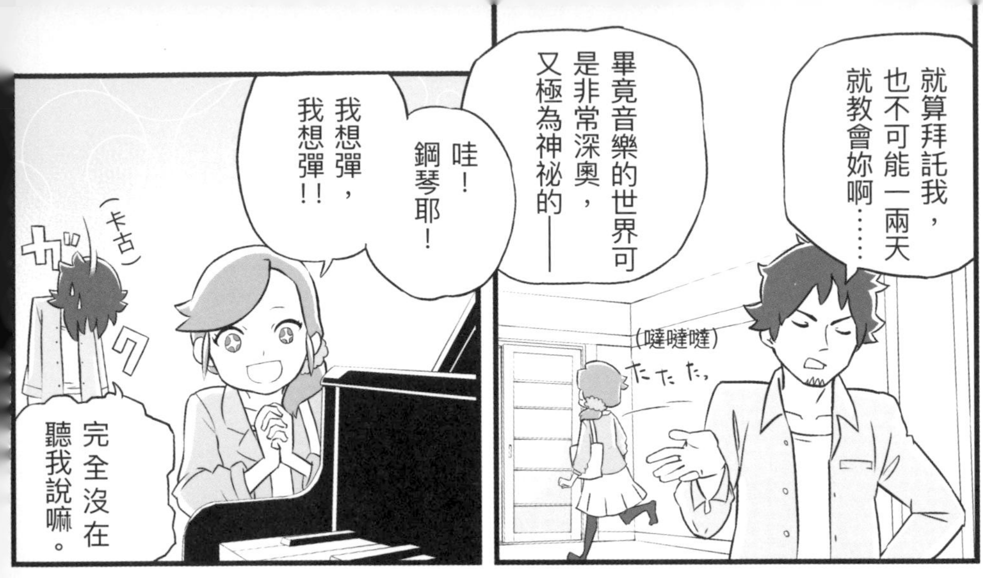

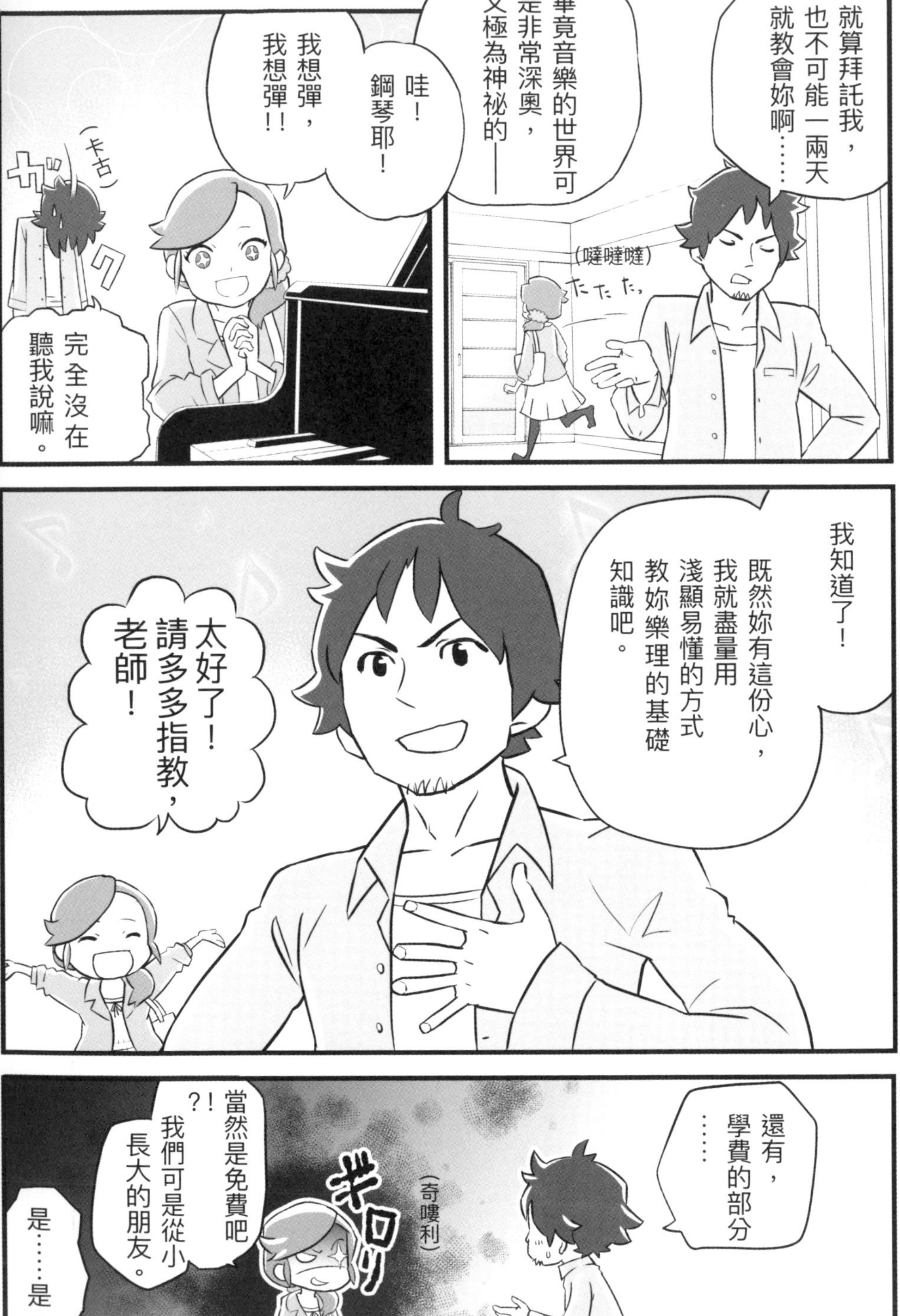

我知道了！
既然妳有這份心，
我就盡量用
淺顯易懂的方式
教妳樂理的基礎
知識吧。

太好了！
請多多指教，
老師！

Chapter 1

五線譜與音名

Chapter 1

五線譜與音名的基礎知識

♪五線譜是理解樂理最好的方式

各位好。（不知怎麼回事，）我變成悅里的音樂「老師」了（而且沒收半毛錢……泣）。在學習樂理之前，我想先幫各位複習一下五線譜和音名等基礎知識。完全是音樂素人的悅里也要仔細聽喔。

雖然樂譜有各種形式，但想要了解樂理的話，還是「五線譜」最方便使用。就算沒學過鋼琴或任何一項樂器，也都知道「五線譜」吧？五線譜是一種低音寫下方、高音寫上方，簡單且具涵蓋性的記譜法。

它的優點是，只要記住讀譜的方法就能快速分辨音名和音程。而音名容易辨別的話，就比較容易掌握樂句、旋律、和聲、和弦進行等音樂元素之間的關係。各位日後若學到更多樂理，就會漸漸明白五線譜的優點，並感謝五線譜的發明喔。

五線譜的記譜法

上加三線
上加三間
上加二線
上加二間
上加一線
上加一間
第五線
第四間
第四線
第三間
第三線
第二間
第二線
第一間
第一線
下加一間
下加一線
下加二間
下加二線
下加三間
下加三線

加線（上加一線～上加三線）
加線（下加一線～下加三線）

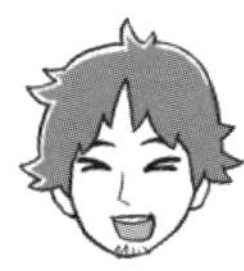

五線譜上，如果音高超出五條線的範圍，就會在上方或下方加線，或者標上高低8度的記號。「盡量只使用五條線記譜！」就能普遍適用各種情況，這點真的很不錯耶。

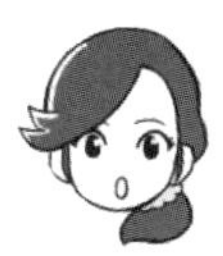

只有五條線的話，感覺很容易讀譜！五線譜大人，接下來請多多指教～

♪各國的音名稱呼不盡相同

各位知道學校音樂課教的「Do、Re、Mi、Fa、Sol、La、Si」，是源自哪個國家的音名稱呼？「咦？不是日本嗎？」。不是喔，答案是義大利。在日文中，音名稱呼是「ハニホヘトイロ（Ha、Ni、Ho、He、To、I、Ro）」。換句話說，原來音名稱呼也會因國家而異。各國的音名稱呼，請見**表①**。

此外，有升降變化的音，就會加上升降記號，如**表②**。

基本上，英文音名和德文音名的字母相同，只有唸法不同。兩者開頭的Do都是C，接著按照順序排列，相異之處在於第七音Si，在英文中寫成B，德文則是H。Si的英文音名B【bi】、Si♭的德文音名B【be】，另外Si的德文音名H【ha】，一定要區別清楚喔。

英文的A和德文的E，發音都是【e】；而英文的C和義大利文的Si，也很容易混淆。因此，溝通上要特別注意。

除此之外，和弦名稱是以英文音名為基準，所以只有B和弦，而沒有H和弦這種說法，要稍微留意喔。

表① 五線譜的音對應鍵盤的位置及各音名

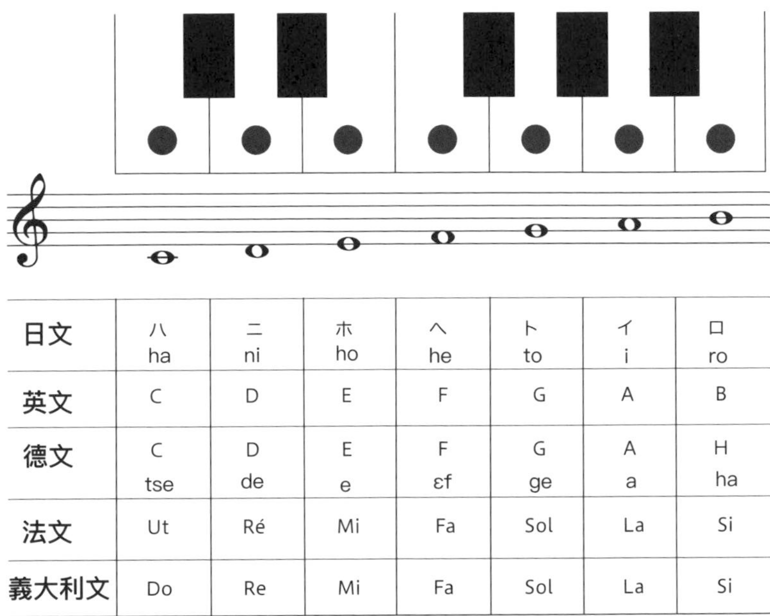

日文	ハ ha	ニ ni	ホ ho	ヘ he	ト to	イ i	ロ ro
英文	C	D	E	F	G	A	B
德文	C tse	D de	E e	F ɛf	G ge	A a	H ha
法文	Ut	Ré	Mi	Fa	Sol	La	Si
義大利文	Do	Re	Mi	Fa	Sol	La	Si

表② 有升降記號時的音名

●有升記號時

日文	嬰ハ eiha	嬰ニ eini	嬰ホ eiho	嬰ヘ eihe	嬰ト eito	嬰イ eii	嬰ロ eiro
英文	C♯	D♯	E♯	F♯	G♯	A♯	B♯
德文	Cis	Dis	Eis	Fis	Gis	Ais	His

●有降記號時

日文	変ハ henha	変ニ henni	変ホ henho	変ヘ henhe	変ト hento	変イ heni	変ロ henro
英文	C♭	D♭	E♭	F♭	G♭	A♭	B♭
德文	Ces	Des	Es	Fes	Ges	As	B

譜號是為了確立音名

我們來看一下**圖①**，各位知道樂譜上的音符是什麼音嗎？大多數人肯定都是回答「G（Sol）」吧。不過，其實回答「不知道」的人才是對的。因為沒有譜號的話，根本沒辦法確知音名。

譜號是表示基準音的記號，用以決定五線譜上的音高是對應哪個音名。譜號有許多種類，接下來會介紹最具代表性的幾個譜號。請看**圖②**，左上長得像數字3的譜號，在英文中稱為C Clef（C音譜號），常用於中提琴譜等，日本將之稱為「ハ音譜號」。右上是G Clef（G音譜號），日本則稱為「ト音譜號」。然後是左下的F Clef（F音譜號），日本將之稱為「ヘ音譜號」。而各位比較熟悉的是G音譜號和F音譜號。

由於鋼琴或電子鍵盤樂器的音域很廣，所以記譜時通常會採取G音譜號及F音譜號結合使用的方式，以這樣的方式填譜的譜面就稱為「大譜表」。

藉由譜號確定C（Do）的位置，如此一來只要從C開始數算，不管音符畫在五線譜上的哪個位置，都能判別它的音高。一開始可以先用手指著音符一個一個數算，經常練習慢慢就能練成一眼分辨音名的能力。

圖① 這個音符是什麼音？

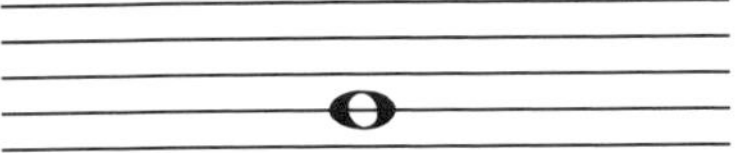

圖② 具代表性的譜號及各譜號上同樣音高的C(Do)

C Clef

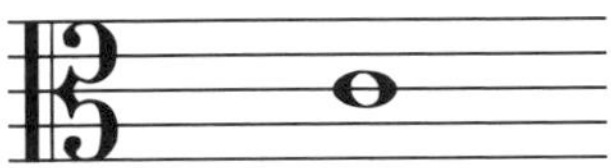

G Clef

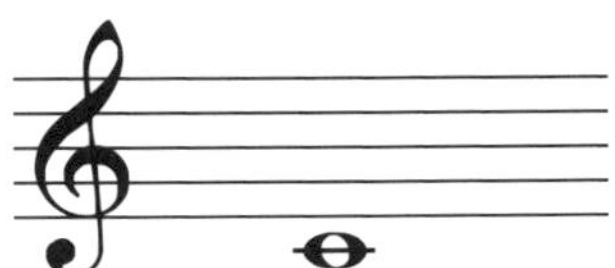

F Clef

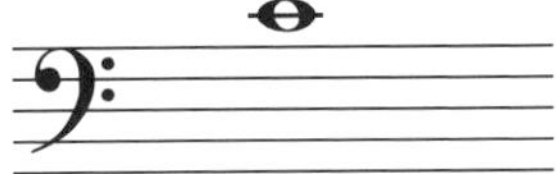

掌握G音譜號上的音名訣竅

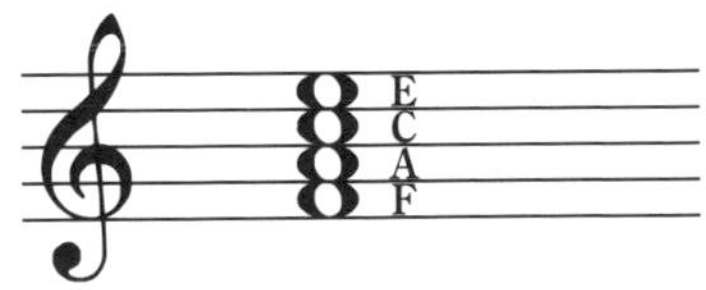

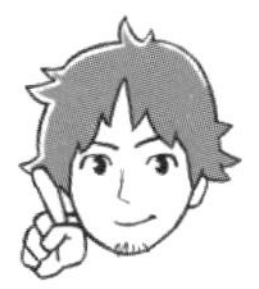

五線譜上有四個間，由下往上，依序是第一間到第四間。將它們分別對應的英文音名並排在一起，就是「FACE（臉）」。這項特徵對於快速判斷音名相當有幫助，要記起來喔！

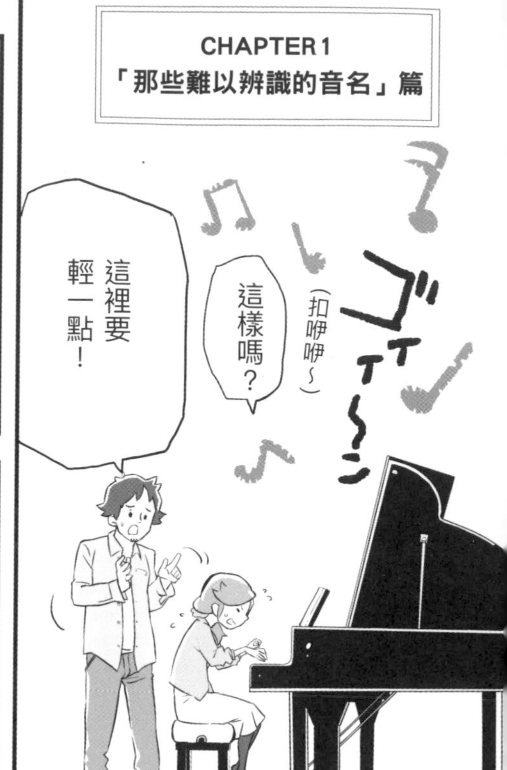
CHAPTER 1
「那些難以辨識的音名」篇
ゴィ～ン
(扣咿咿～)
這樣嗎？
這裡要輕一點！

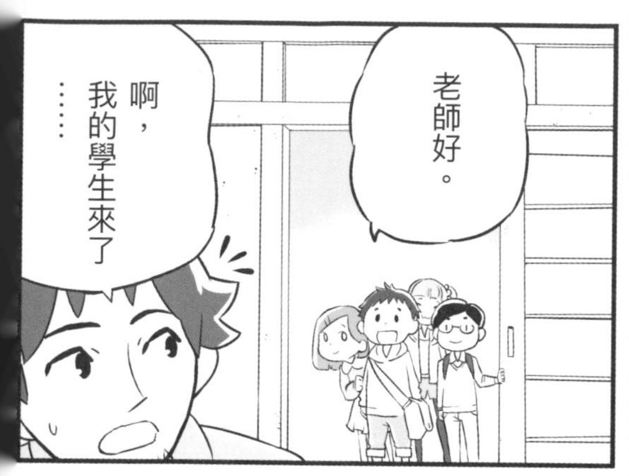
老師好。
啊，我的學生來了……

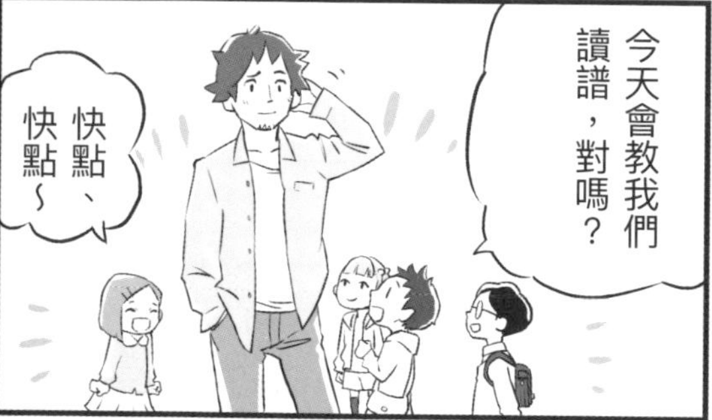
今天會教我們讀譜，對嗎？
快點、快點～

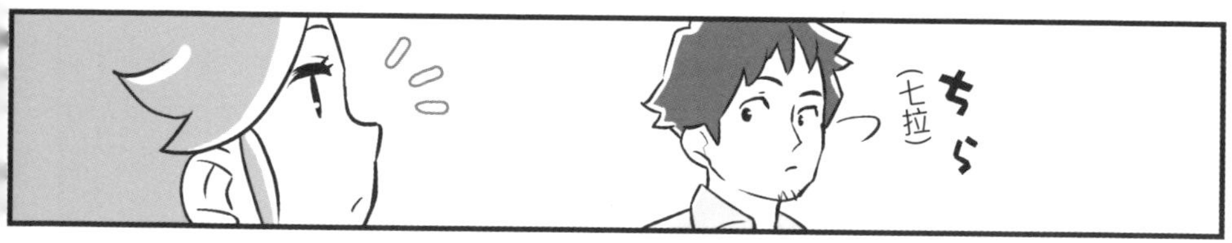
ちら
(七拉)

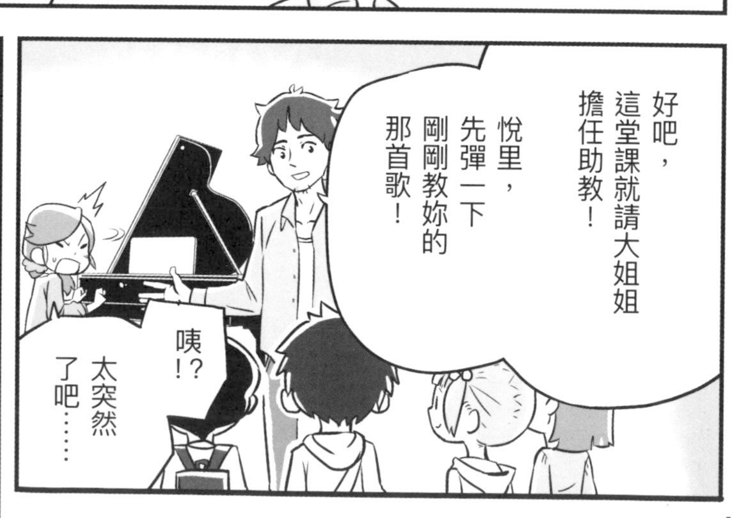
好吧，這堂課就請大姐姐擔任助教！
悅里，先彈一下剛剛教妳的那首歌！
咦！？
太突然了吧……

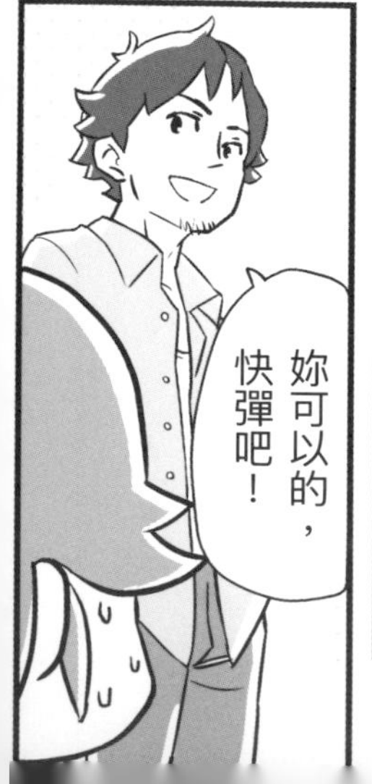
妳可以的，快彈吧！

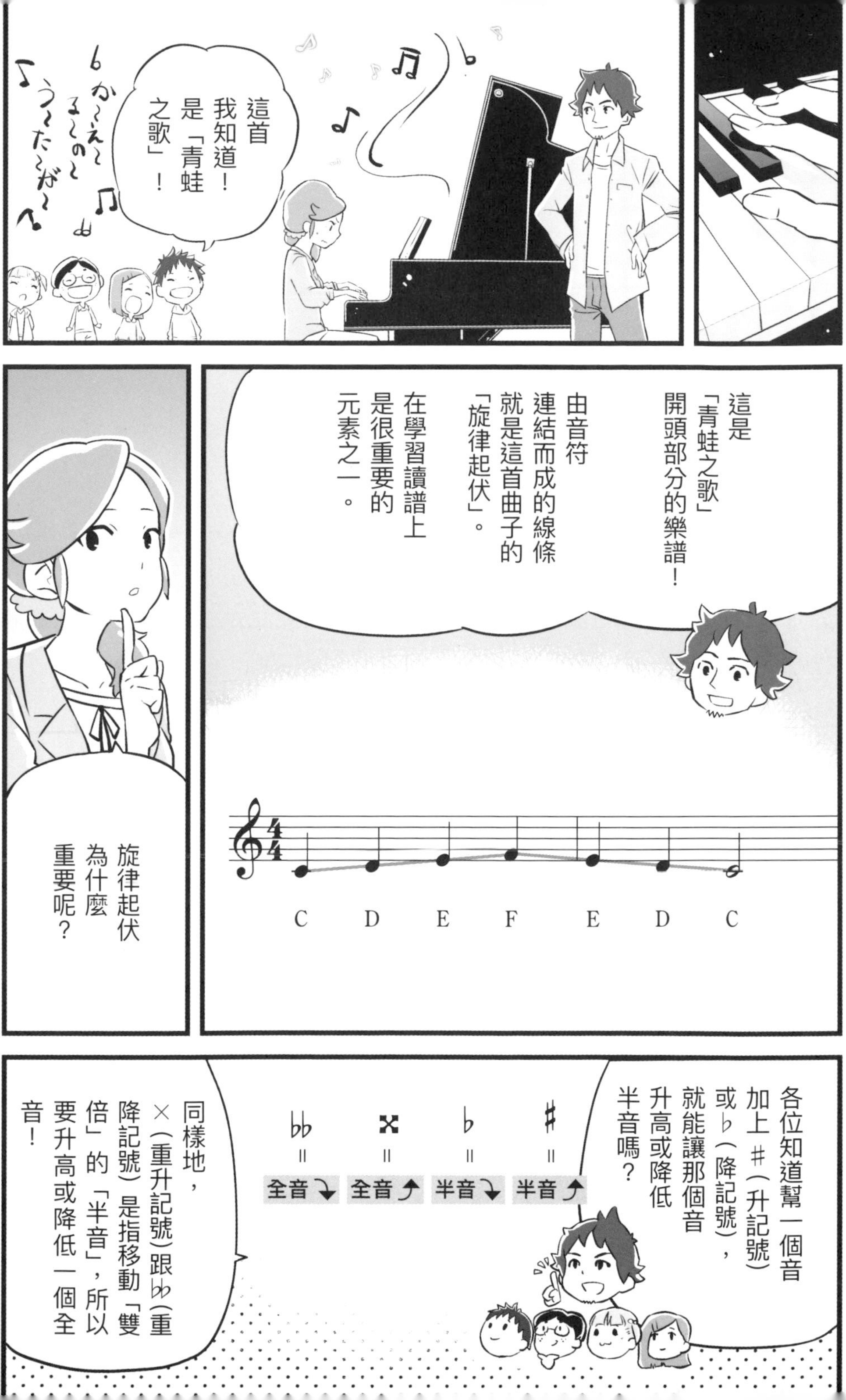

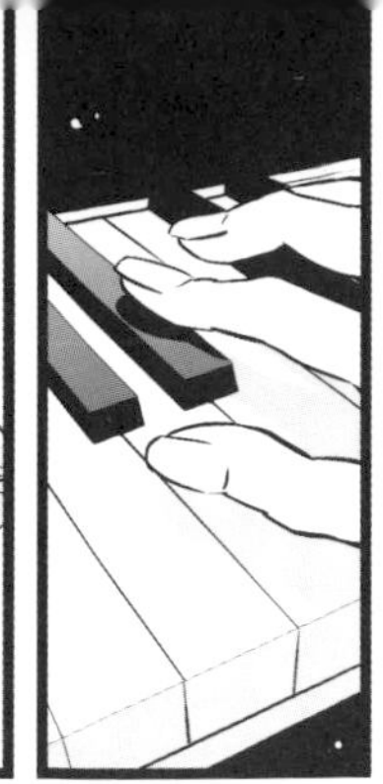

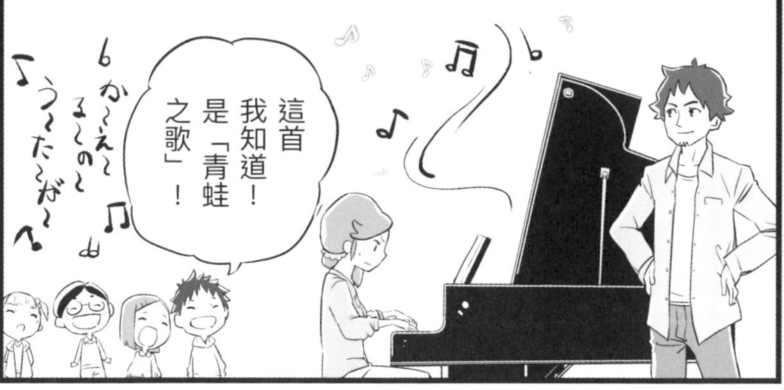

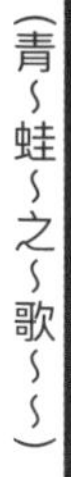

這是
「青蛙之歌」
開頭部分的樂譜！

由音符
連結而成的線條
就是這首曲子的
「旋律起伏」。

在學習讀譜上
是很重要的
元素之一。

C D E F E D C

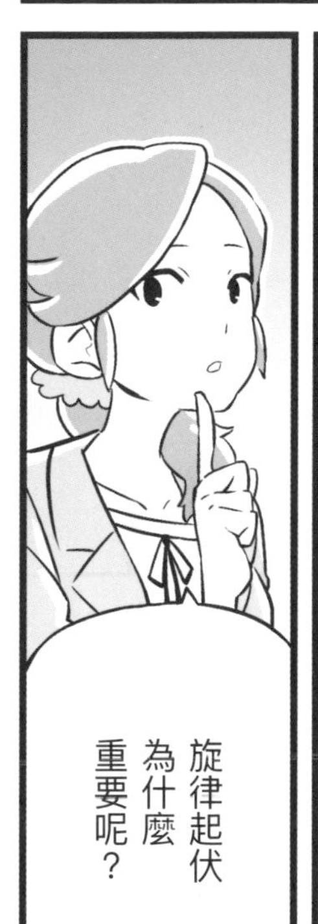

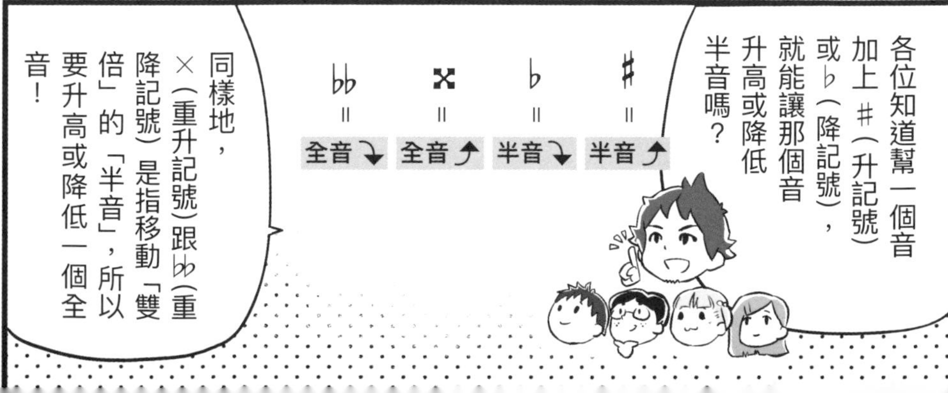

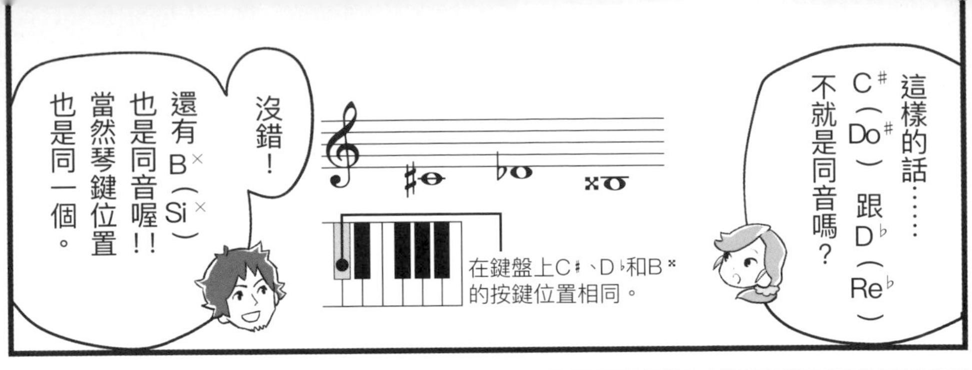
這樣的話……C♯（Do♯）跟D♭（Re♭）不就是同音嗎？
沒錯！
還有B×（Si×）也是同音喔!!當然琴鍵位置也是同一個。
在鍵盤上C♯、D♭和B×的按鍵位置相同。

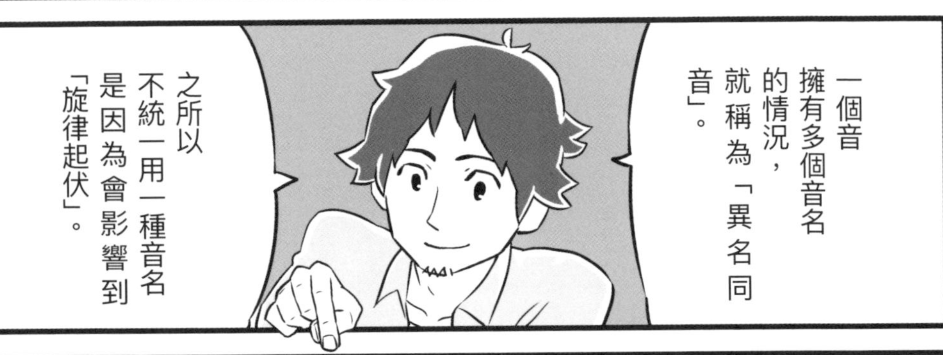
一個音擁有多個音名的情況，就稱為「異名同音」。
之所以不統一用一種音名是因為會影響到「旋律起伏」。

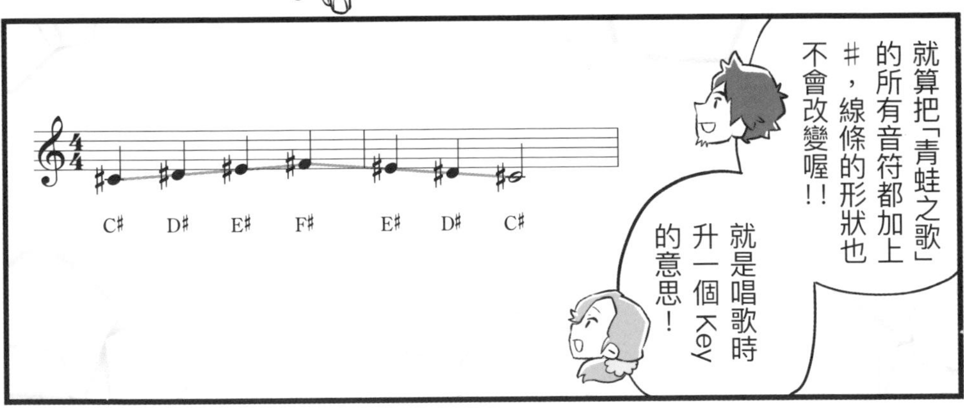
C♯ D♯ E♯ F♯ E♯ D♯ C♯
就算把「青蛙之歌」的所有音符都加上♯，線條的形狀也不會改變喔!!
就是唱歌時升一個Key的意思！

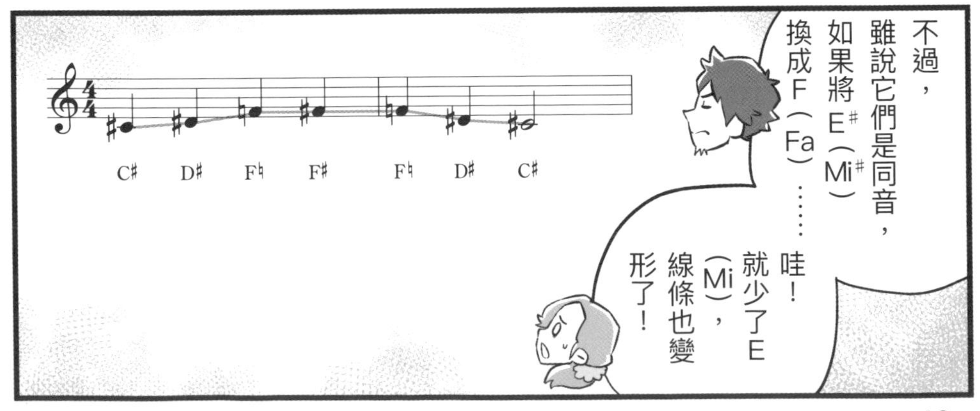
C♯ D♯ F♮ F♯ F♮ D♯ C♯
不過，雖說它們是同音，如果將E♯（Mi♯）換成F（Fa）……
哇！就少了E（Mi），線條也變形了！

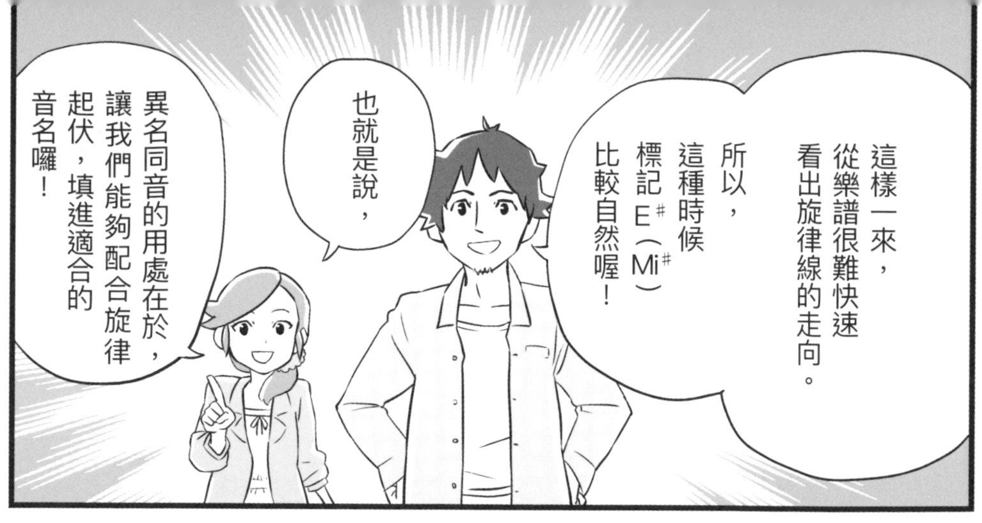
這樣一來，從樂譜很難快速看出旋律線的走向。
所以，這種時候標記E♯（Mi♯）比較自然喔！
也就是說，
異名同音的用處在於，讓我們能夠配合旋律起伏，填進適合的音名囉！

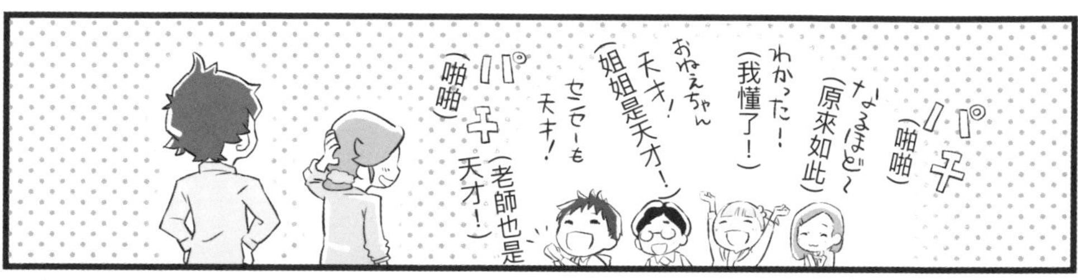
パチ（啪啪）
なるほど～（原來如此）
わかった！（我懂了！）
おねえちゃん天才！（姐姐是天才！）
センセーも天才！（老師也是天才！）
パチ（啪啪）

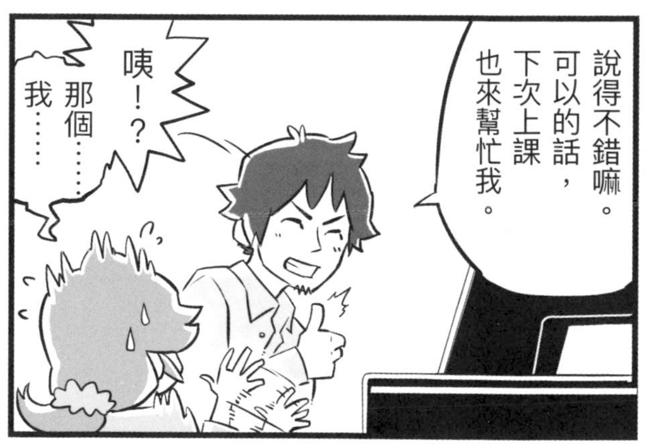
說得不錯嘛。可以的話，下次上課也來幫忙我。
咦！？
那個……我……

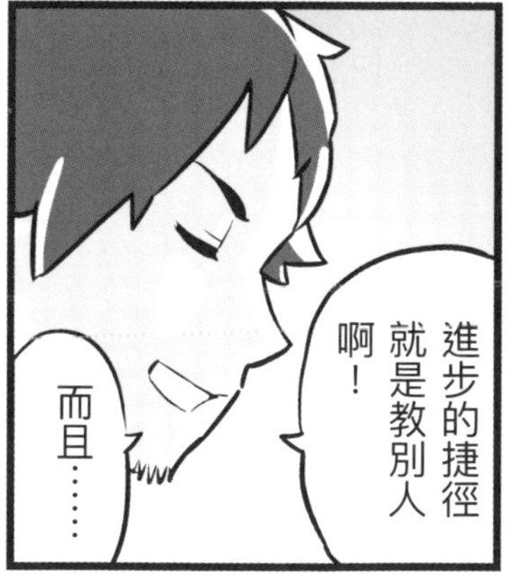
進步的捷徑就是教別人啊！
而且……

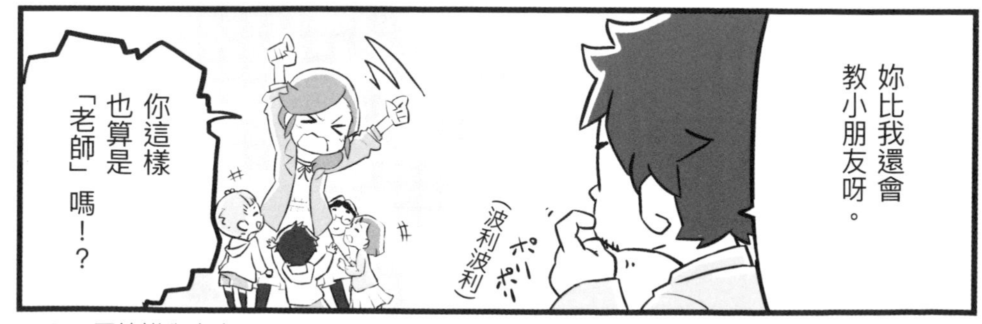
妳比我還會教小朋友呀。
ポリポリ（波利波利）
你這樣也算是「老師」嗎！？

Chapter 1

「那些難以辨識的音名」篇

音名的表示方式不只一種

舉例來說，C♯（Do♯）跟D♭（Re♭）是兩個音名不同的音，但彈奏出來的音卻是同一個音。實際用樂器彈奏看看，會更容易理解。不管是鋼琴鍵盤或吉他琴格應該都是按在同一個位置。我們將這樣的關係稱為「異名同音」，英文是Enharmonic。

不過，為什麼同一個音有時候是加上升記號，有時候卻是加上降記號呢？我認為現階段只要先記住「即使是同音也會因為旋律起伏或功能，而選擇不同的標記方式」就可以了。還有，我也經常聽到有人問說「重升和重降記號到底是做什麼用的？」。簡單說，重升這個記號的意思是升高一個全音，而重降則是降低一個全音。因此C♯（Do♯），可以寫成D♭（Re♭），也可以寫成B×（Si×）。只要理解音符在樂曲起伏中所擔任的作用，就能明白這些記號都有存在的必要。

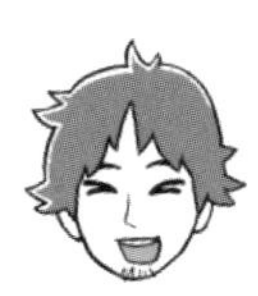

悅里，考考妳。這禮拜播出的卡通《海螺小姐》，三集的主題分別是「鱒男換工作」、「波平的海水浴」及「鱈男飛了」，請問……
第一集中「鱒男的太太」是誰？
第二集中「波平的長女」是誰？
第三集中「鱈男的媽媽」是誰？

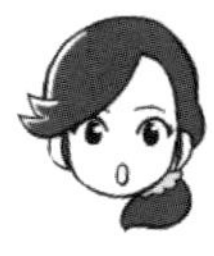

答案當然都是海螺小姐呀！

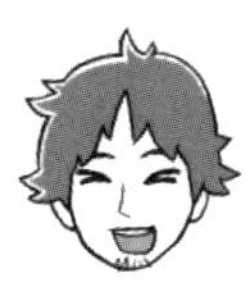

沒錯。主角的身分會因故事情節發展而出現不同的稱呼，……這就是異名同音！

♪依旋律起伏選擇適合的異名同音

前面已經用「青蛙之歌」的旋律來說明樂曲的起伏了。這裡再用「青蛙之歌」來說明另外一個例子吧。這次我們要來改變原本的旋律。在F（Fa）加上一個升記號（圖①）。然後再將這首變形的「新青蛙之歌」，全部升高半音。只要全都加上升記號即可，但原本就有升記號的F♯（Fa♯），因為還要多加一個升記號，所以必須寫成F×（Fa×）（圖②）。

如果把F×（Fa×）寫成異名同音的G（Sol），旋律線的這裡就會產生一個折角（圖③），由此可見這個選項並不適合。因此，升高半音版的「新青蛙之歌」譜，要用F×（Fa×）才是正確的表示方式。在考慮異名同音時，必須配合旋律起伏來選擇適合的音名。

如上述，為避免音和相鄰的音，在譜面距離及作用產生視覺上的混淆，就需要使用重升和重降記號。

圖①「新青蛙之歌」的旋律起伏（原版）

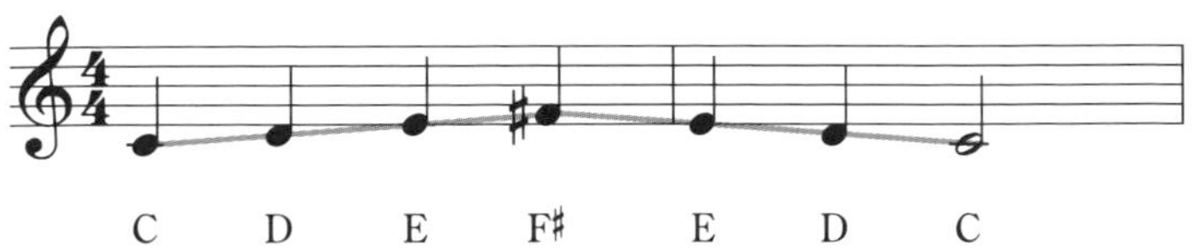

圖②「新青蛙之歌」的旋律起伏（升高半音版）

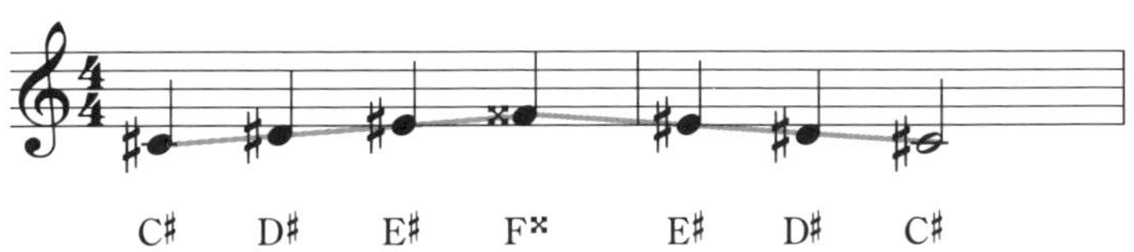

圖③「新青蛙之歌」的旋律起伏（升高半音＋異名同音置換版）

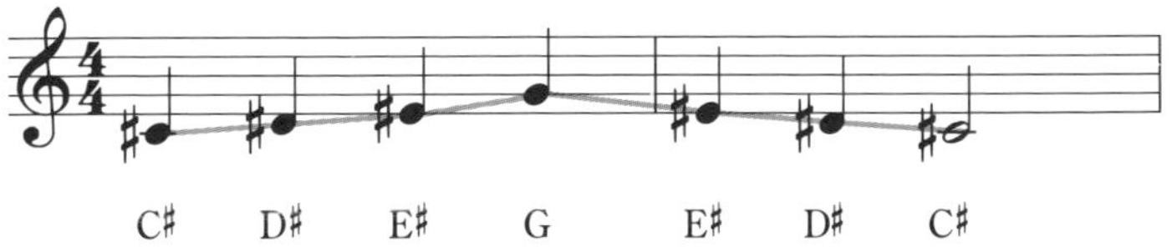

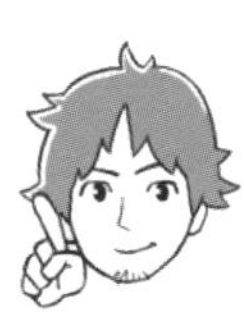

如果把F×（Fa×）寫成異名同音的G（Sol），原本是直線上下行的線條，就會變成多出一個折角，因而失去原本的線條感。所以，要寫F×（Fa×）才對喔。

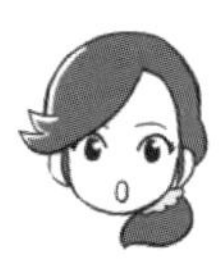

升記號和降記號的部分還可以理解，但我原本還覺得奇怪為什麼會需要重升或重降記號！原來各有各的作用呀～

沒錯。妳學得很快嘛。雖然實際彈奏的音是同一個，但異名同音就是選擇更符合旋律起伏的那個。

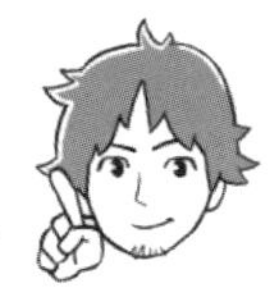

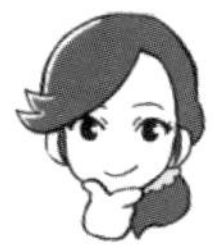

感謝「青蛙之歌」讓我懂了！

哎呀～該感謝的不是我嗎？算了，我們進入下一個主題吧。剛剛講的都是非常基礎的樂理，接下來會變得比較複雜喔。

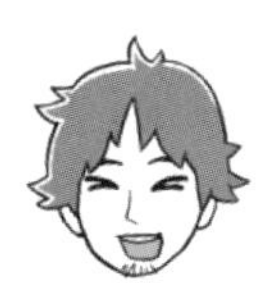

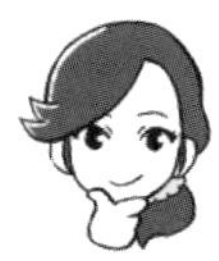

明白！麻煩你了！！

Chapter 2

泛音與音程

CHAPTER2
「音的主成分是泛音」篇

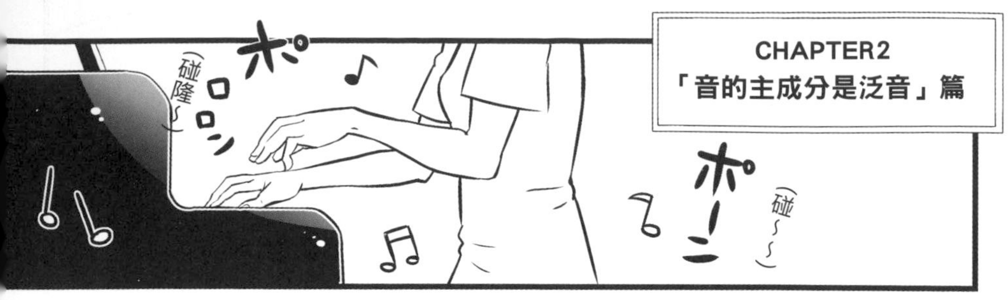

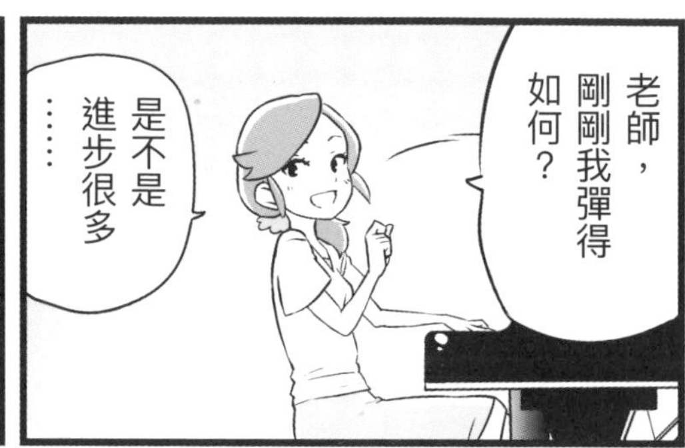

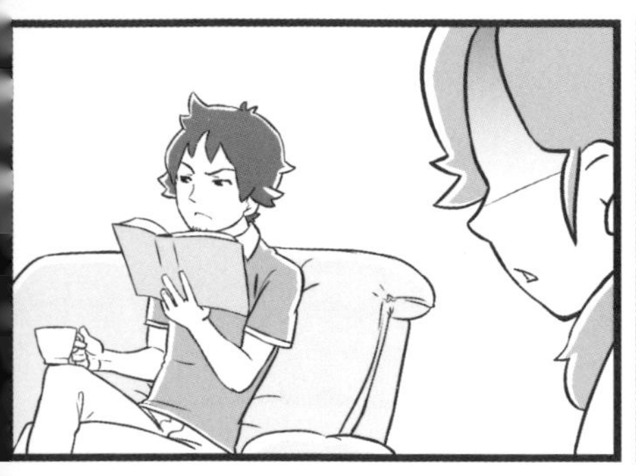

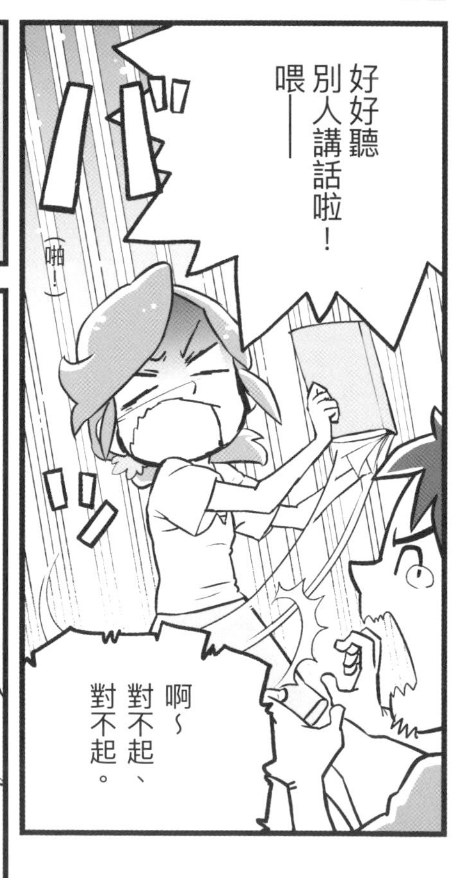

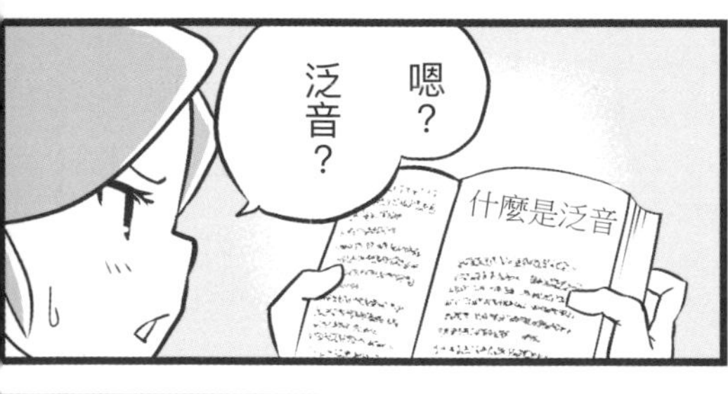

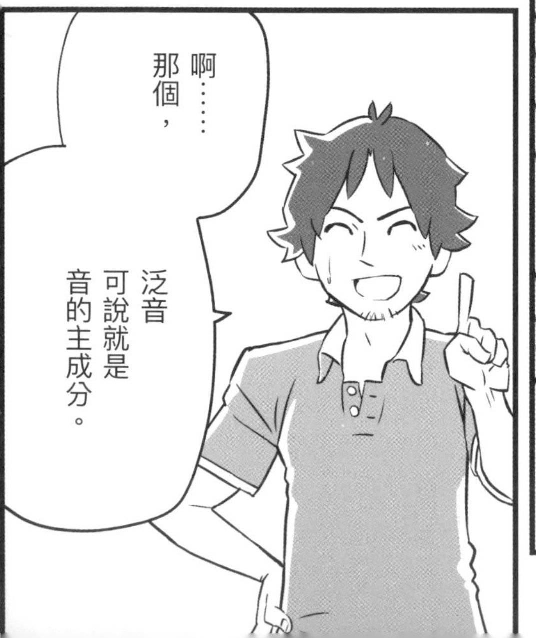

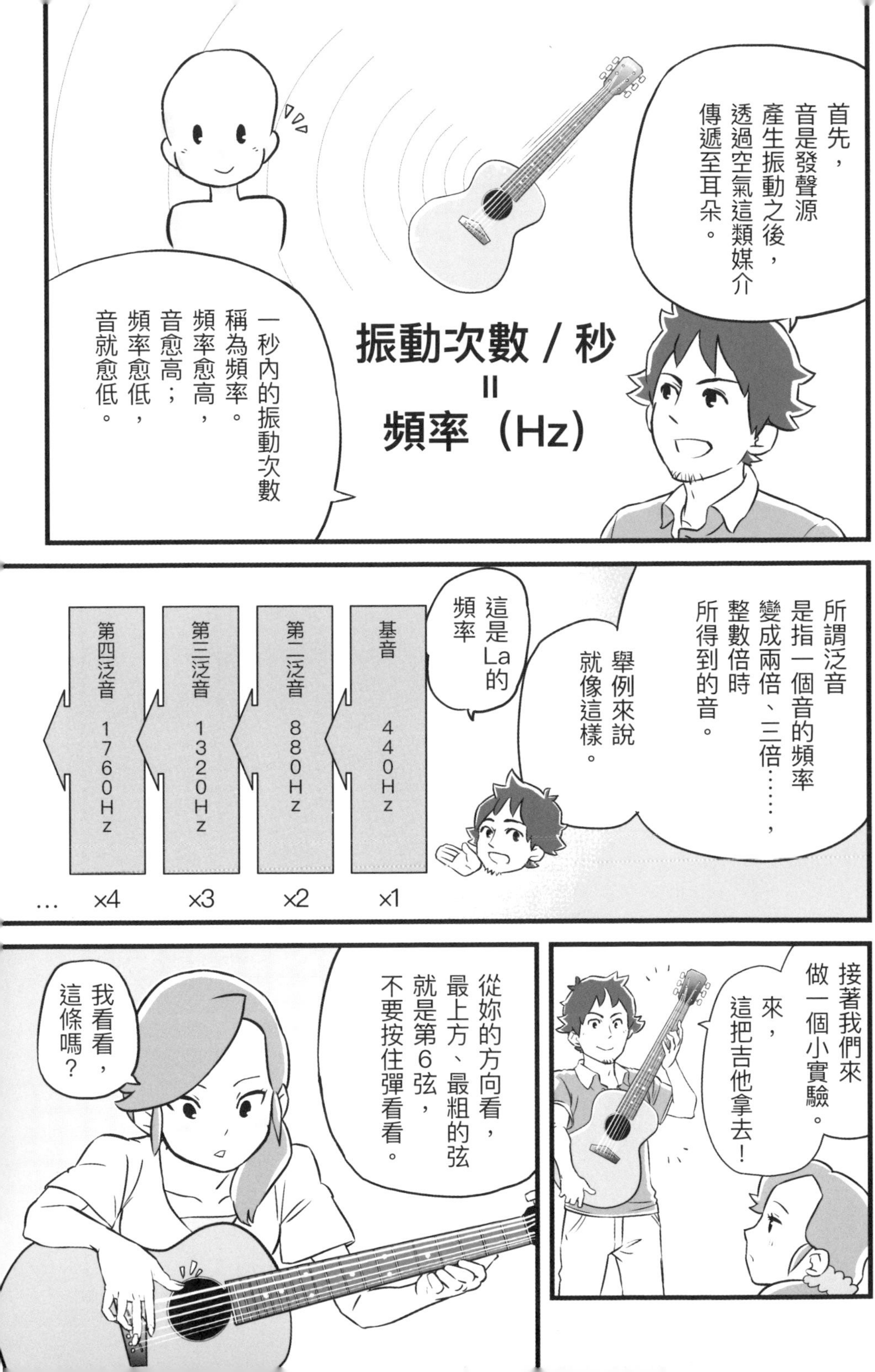

首先，
音是發聲源
產生振動之後，
透過空氣這類媒介
傳遞至耳朵。

振動次數／秒
=
頻率（Hz）

一秒內的振動次數
稱為頻率。
頻率愈高，
音愈高；
頻率愈低，
音就愈低。

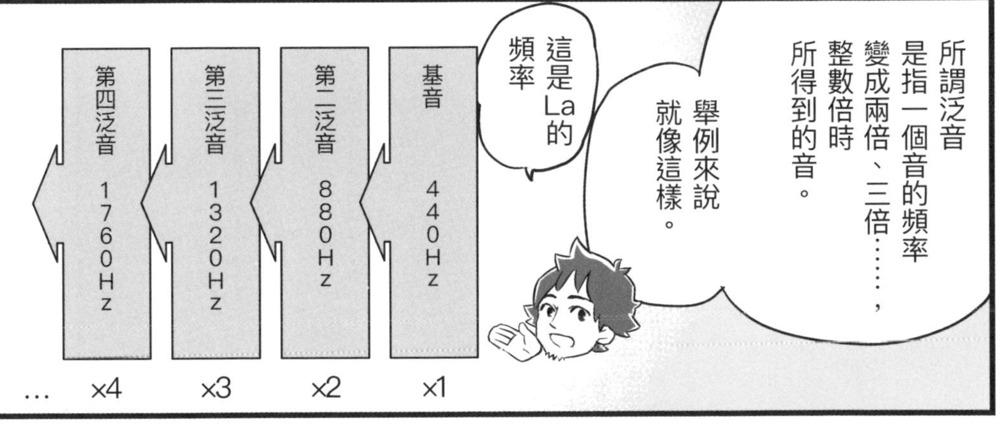

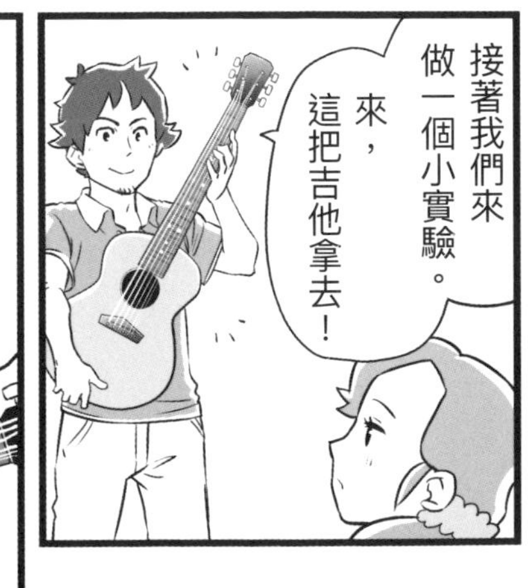

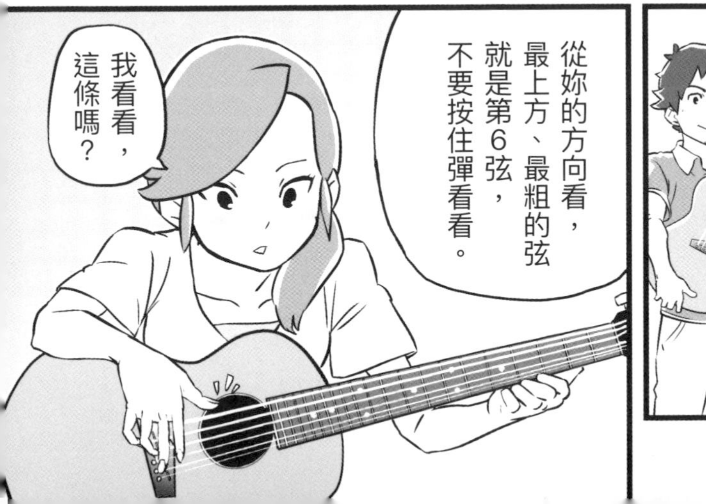

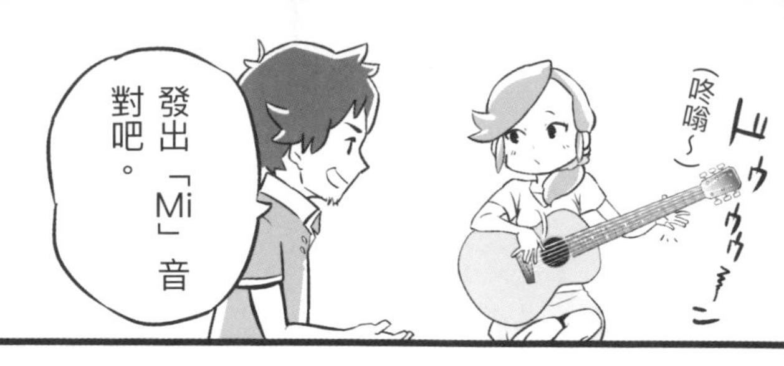
（咚嗡～）
發出「Mi」音對吧。

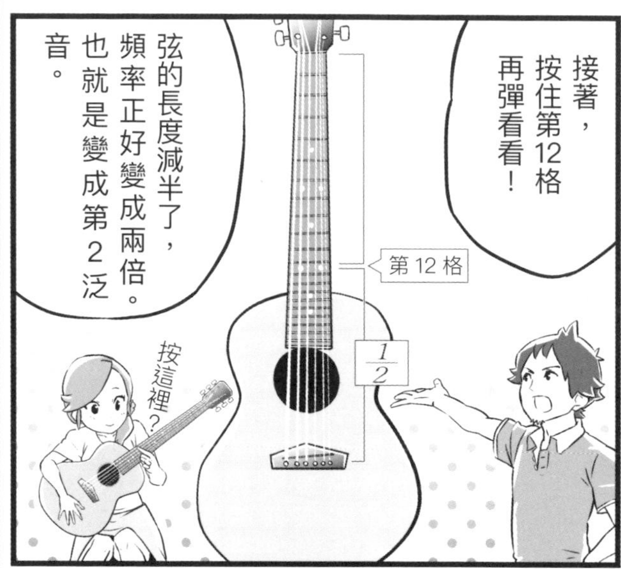
接著，按住第12格再彈看看！
弦的長度減半了，頻率正好變成兩倍。也就是變成第2泛音。
第12格
1/2
按這裡？

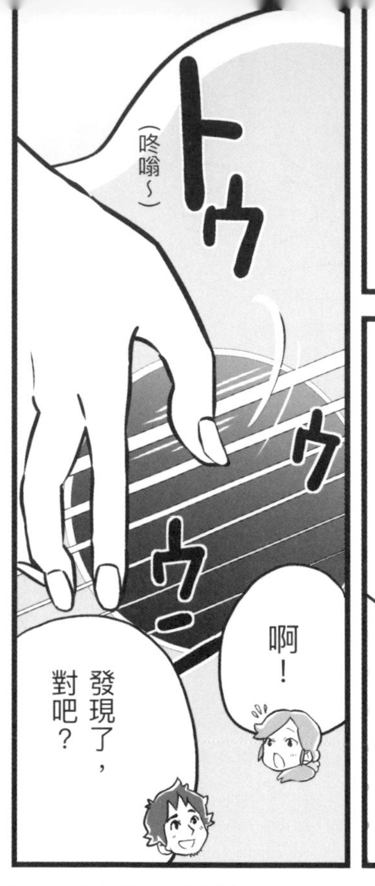
トウウウー
（咚嗡～）
啊！
發現了，對吧？

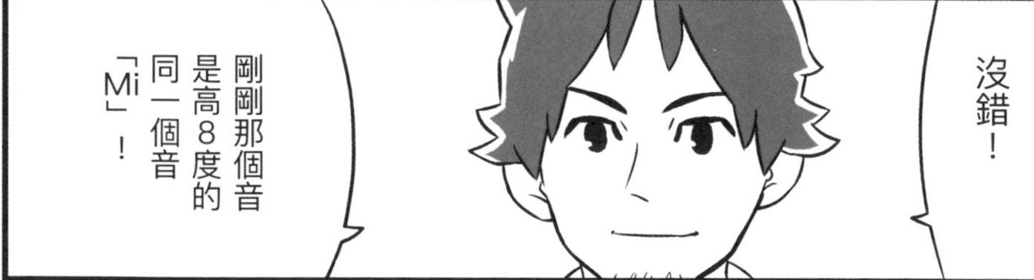
沒錯！
剛剛那個音是高8度的同一個音「Mi」！

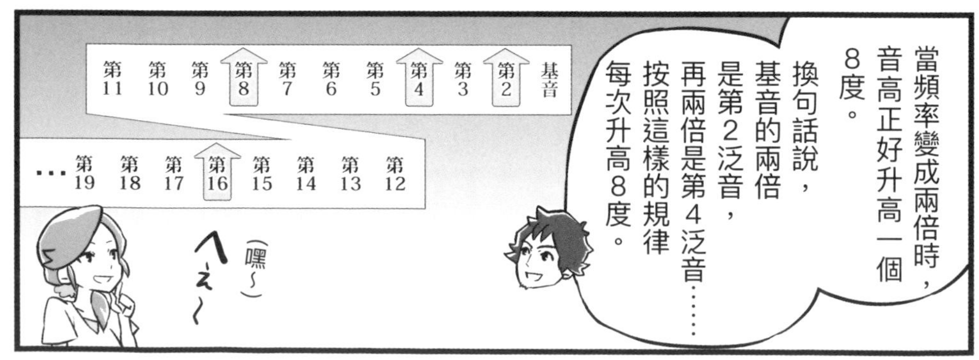
當頻率變成兩倍時，音高正好升高一個8度。
換句話說，基音的兩倍是第2泛音，再兩倍是第4泛音……按照這樣的規律每次升高8度。
基音 第2 第3 第4 第5 第6 第7 第8 第9 第10 第11
第12 第13 第14 第15 第16 第17 第18 第19 …
へえ～
（嘿～）

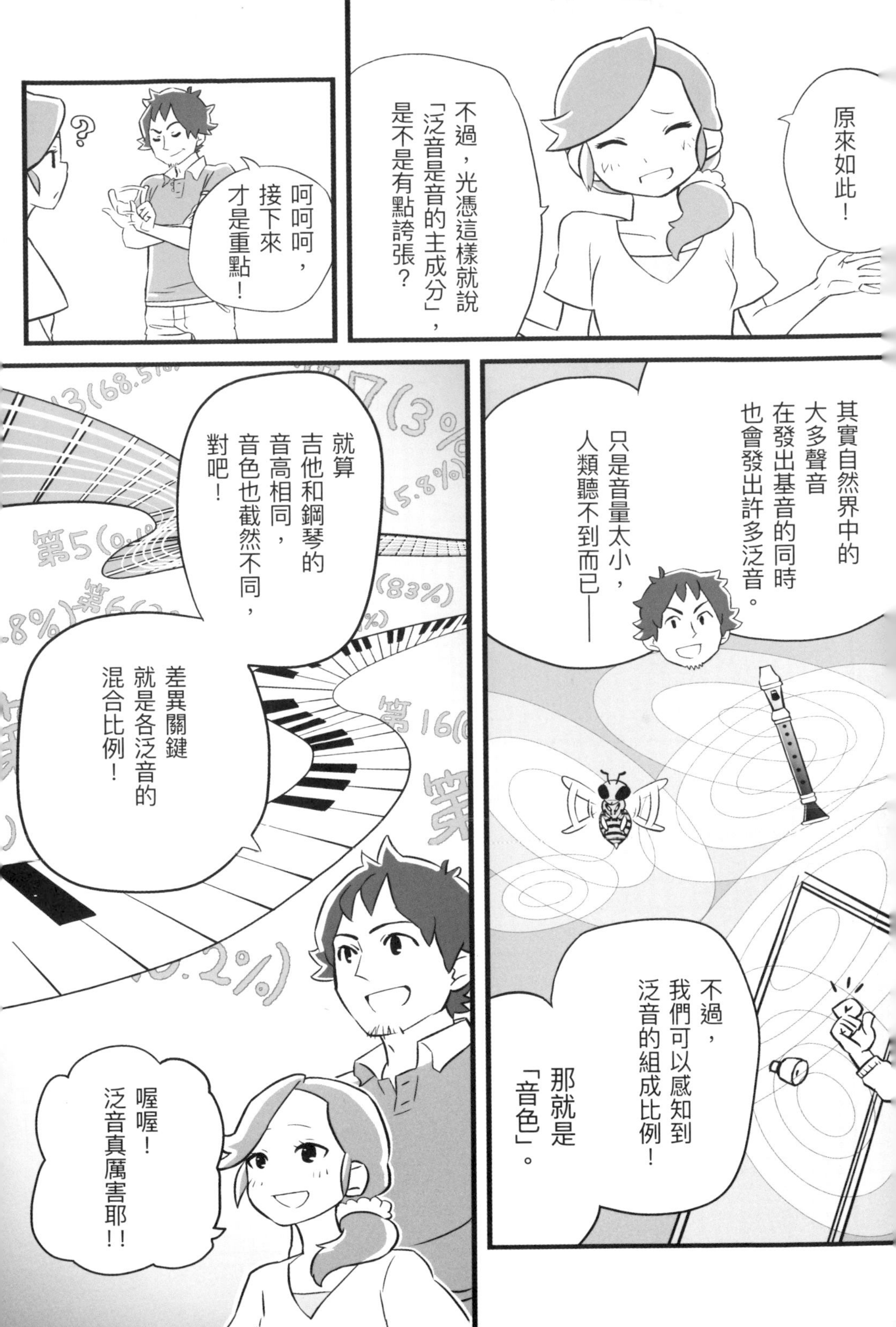
原來如此！
不過，光憑這樣就說「泛音是音的主成分」，是不是有點誇張？
呵呵呵，接下來才是重點！
其實自然界中的大多聲音在發出基音的同時也會發出許多泛音。
只是音量太小，人類聽不到而已——
不過，我們可以感知到泛音的組成比例！
那就是「音色」。
就算吉他和鋼琴的音高相同，音色也截然不同，對吧！
差異關鍵就是各泛音的混合比例！
喔喔！泛音真厲害耶！！

「音的主成分是泛音」篇

什麼是泛音？

「泛音」是指「將基準音的頻率乘以整數倍所得的音」。而「頻率」則是指發聲源每秒鐘振動的次數。如同悅里用吉他做實驗時發現的那樣，等同於振動次數的頻率，如果變成兩倍，音高就會升高一個8度（圖①）。

順帶一提，樂器調音時經常使用的「A＝440Hz」這個頻率基準，是過去國際性會議所制定的標準——「將每秒鐘振動440次的音，設定為鋼琴鍵盤正中央的A（La）」。

回到泛音的話題，以440Hz的A（La）而言，它的兩倍頻率880Hz的音稱為「第2泛音」，三倍頻率的音稱為「第3泛音」，而n倍頻率的音，就稱為「第n泛音」。做為基準的440Hz的音，則稱為「基音」。

圖① 弦長減半時振動次數就會倍增，音高則升高一個8度

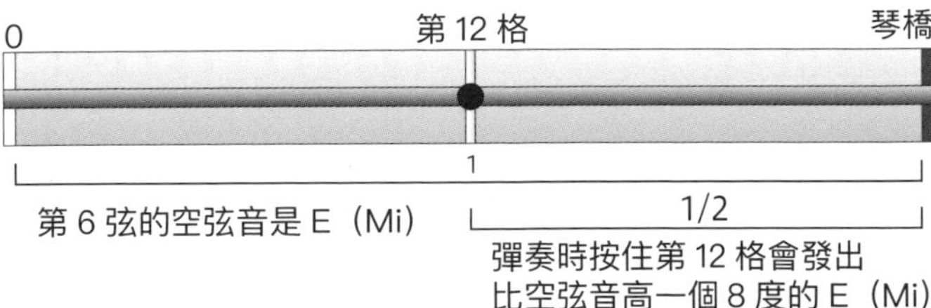

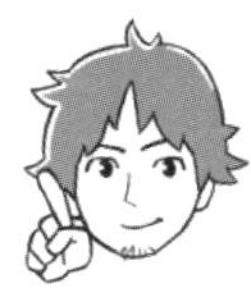

440Hz這個頻率的兩倍是880Hz，那麼音高會怎麼變化呢？

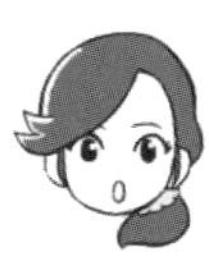

我知道！會變成比440Hz的A（La）更高一個8度的A（La）！相反地，如果頻率是只有一半的220Hz，就會變成低一個8度的A (La)對吧？

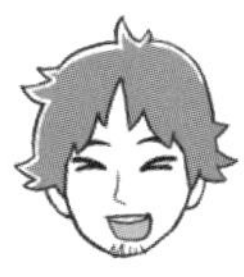

妳這傢伙，還滿行的嘛……還有，日本NHK報時聲「啵、啵、啵」和後面的「逼——！」音，分別由440Hz跟880Hz的音所組成喔。

基音和泛音伴隨聲音產生

剛剛已經稍微提到，自然界裡的大多聲音都是同時會發出基音和其他許多泛音。不過，這是什麼意思呢？

舉個例子，我們用某種樂器發出440Hz的A（La）這個音，其實發出440Hz的A同時，也會依序發出第2泛音（880Hz）、第3泛音（1320Hz）、第4泛音（1760Hz）……。第3泛音的頻率是1320Hz，這個音差不多等於E（Mi），而第5泛音是2200Hz，對應音高為C♯（Do♯）。

按照這個邏輯，如果自然界裡頭的聲音，真的幾乎都是由基音和泛音組成，那麼光是發出一個A（La），應該就能聽到許多不同的音高。只是，實際情況並非如此。原因在於與基音同時發聲的泛音，音量比基音小非常多。演奏音樂是以基音為依據，所以並不會特別注意到泛音的存在。

不過，有趣的是，人類的耳朵雖然沒辦法聽到微弱的泛音，卻能夠感知各泛音的組成比例。

♪ 音色差異就是泛音混合比例的差異

當各種不同的樂器，同樣都發出C（Do）音時，我們可以辨別「這是吉他的聲音，那是鋼琴的聲音」，也就是至少知道這些聲音是由不同樂器所彈奏出來。這是因為就算音高同樣都是C（Do），伴隨基音產生的泛音組成比例，會因樂器而有所不同。音色差異的主要原因取決於泛音的組成比例。而人類的耳朵就是可以清楚地感知到這個組成比例。

打個比方，拉麵有味噌、鹽味、醬油、豚骨等各種基底湯頭。通常店家都會在基底湯頭裡加入柴魚、小魚乾或貝類高湯等來增添風味，而混合出來的味道就會形成獨特的風味。店家就靠著獨門混合比例招攬生意，因此有些老饕只要喝一口湯，就能說出店家的名字。

同樣地，音色也是如此。由於基音（基底湯頭）上添加的泛音（增添風味）種類及組成比例不同，所以我們可以瞬間判斷，聽到的聲音是由什麼東西發出來的。

CHAPTER2
「從泛音來看音的和諧度」篇

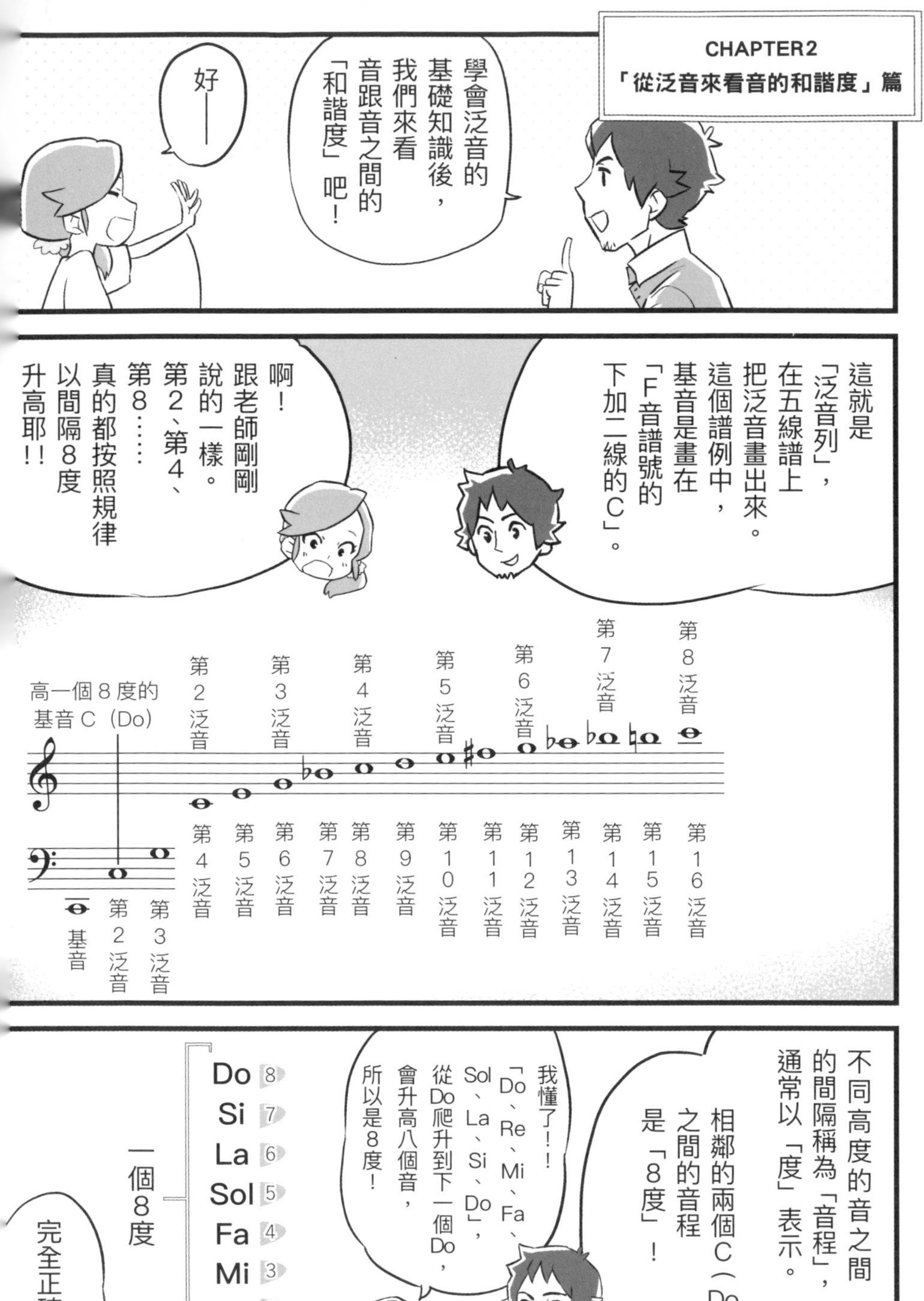

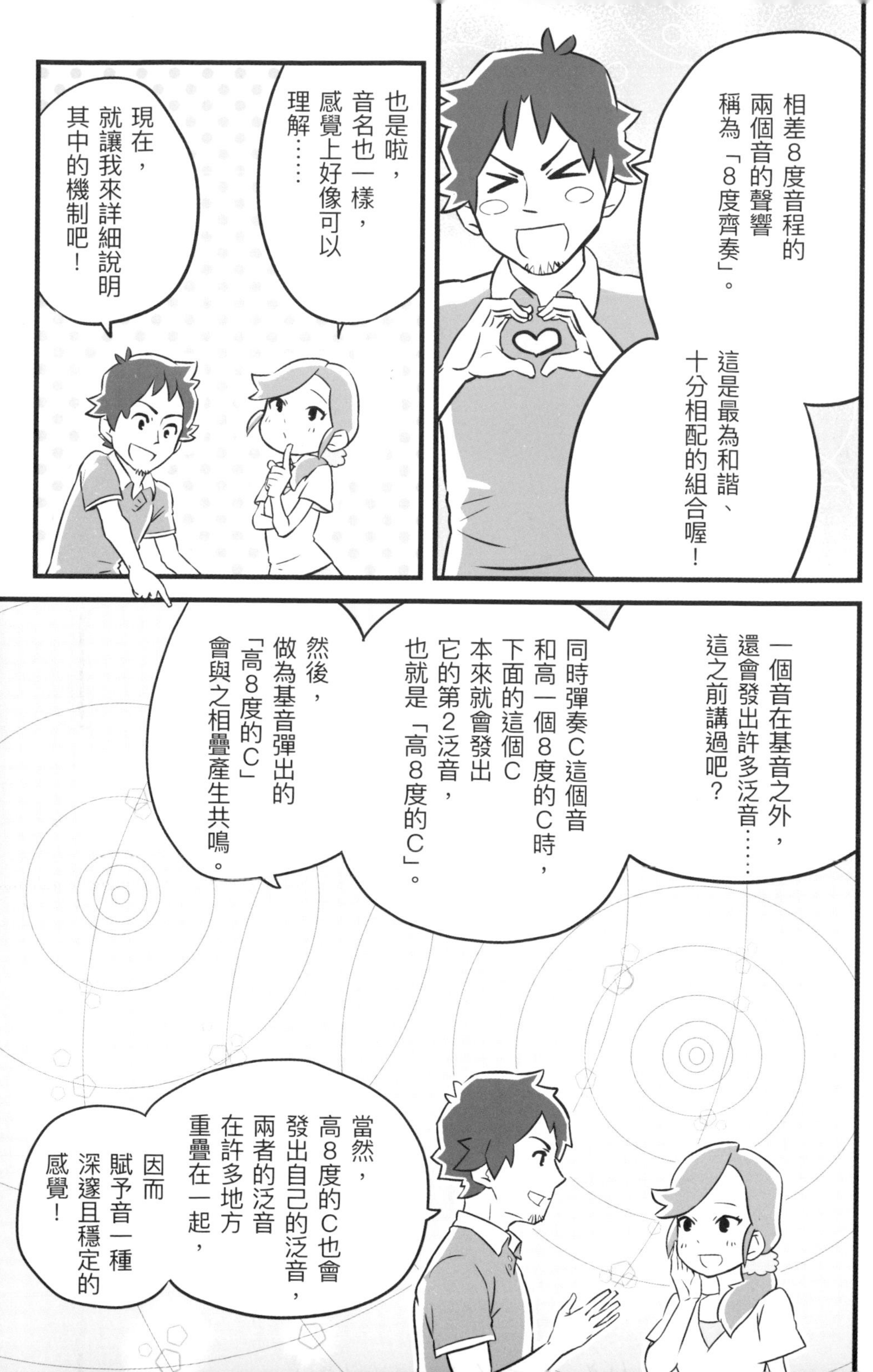
相差8度音程的兩個音的聲響稱為「8度齊奏」。
這是最為和諧、十分相配的組合喔！
也是啦，音名也一樣，感覺上好像可以理解……
現在，就讓我來詳細說明其中的機制吧！
一個音在基音之外，還會發出許多泛音……這之前講過吧？
同時彈奏C這個音和高一個8度的C時，下面的這個C本來就會發出它的第2泛音，也就是「高8度的C」。
然後，做為基音彈出的「高8度的C」會與之相疊產生共鳴。
當然，高8度的C也會發出自己的泛音，兩者的泛音在許多地方重疊在一起，
因而賦予音一種深邃且穩定的感覺！

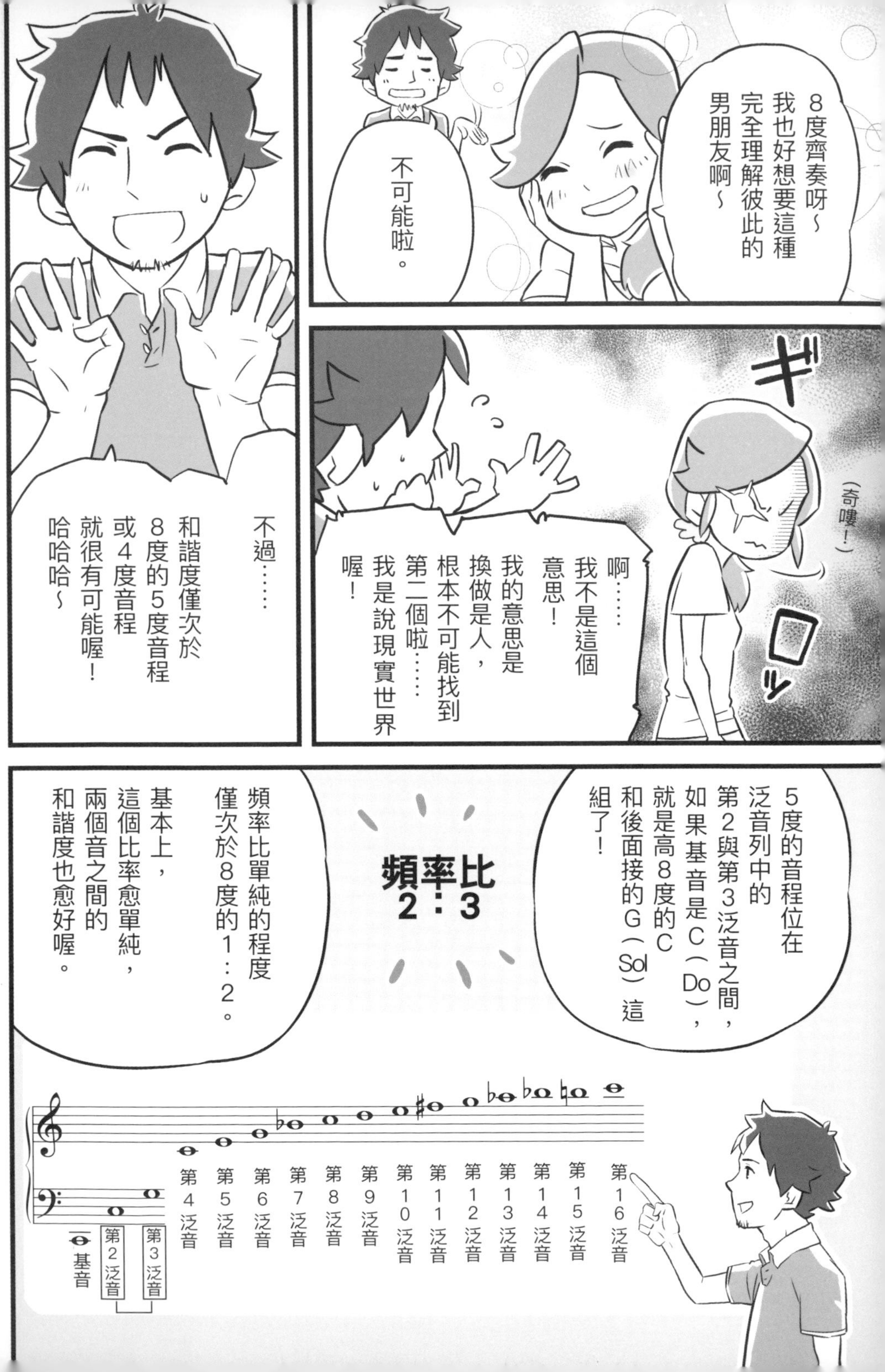

8度齊奏呀～
我也好想要這種完全理解彼此的男朋友啊～

不可能啦。

ギロッ

（奇嘍！）

啊……我不是這個意思！
我的意思是換做是人，根本不可能找到第二個啦……我是說現實世界喔！

不過……
和諧度僅次於8度的5度音程或4度音程就很有可能喔！哈哈哈～

5度的音程位在泛音列中的第2與第3泛音之間，如果基音是C（Do），就是高8度的C和後面接的G（Sol）這組了！

頻率比 2：3

頻率比單純的程度僅次於8度的1：2。

基本上，這個比率愈單純，兩個音之間的和諧度也愈好喔。

基音　第2泛音　第3泛音　第4泛音　第5泛音　第6泛音　第7泛音　第8泛音　第9泛音　第10泛音　第11泛音　第12泛音　第13泛音　第14泛音　第15泛音　第16泛音

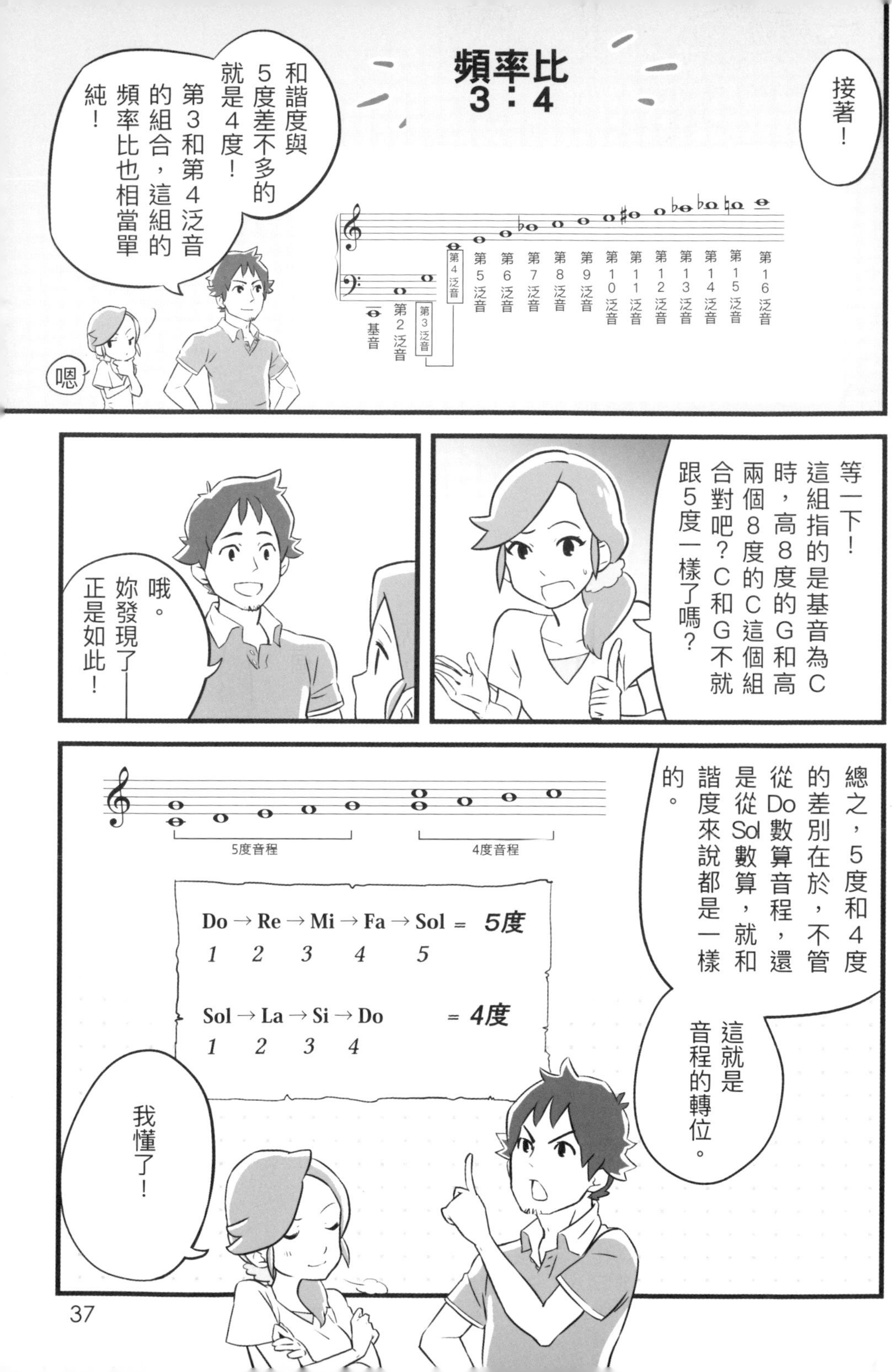

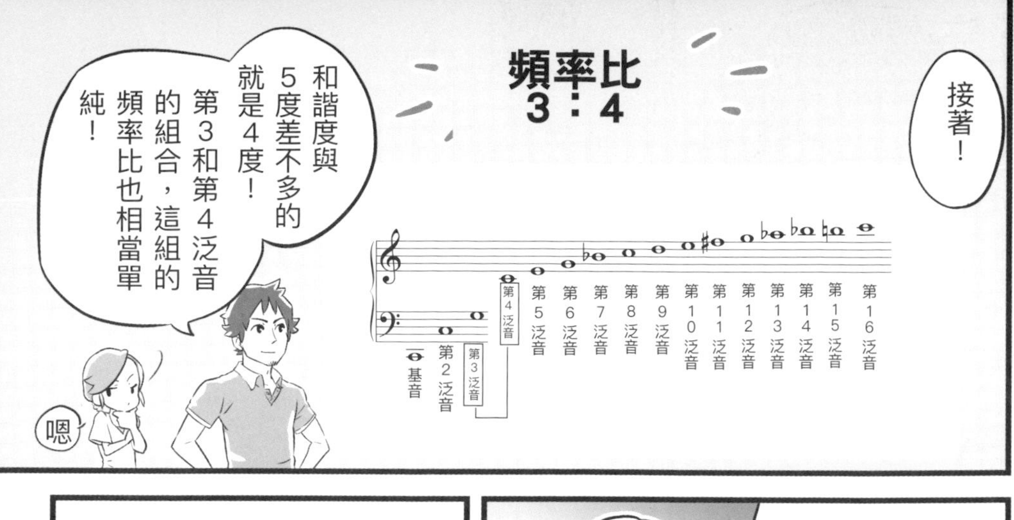

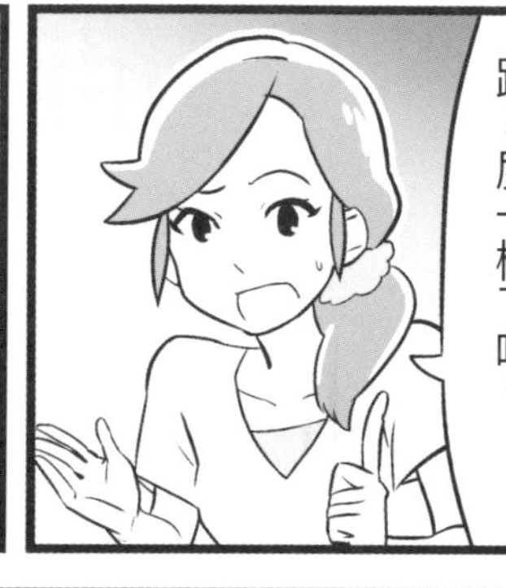

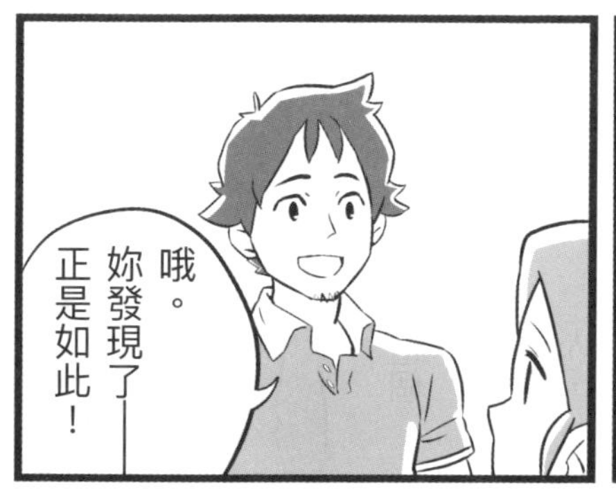

總之，5度和4度的差別在於，不管從Do數算音程，還是從Sol數算音程，就和諧度來說都是一樣的。

5度音程　　4度音程

Do → Re → Mi → Fa → Sol = **5度**
1　2　3　4　5

Sol → La → Si → Do = **4度**
1　2　3　4

這就是音程的轉位。

我懂了！

Chapter 2

「從泛音來看音的和諧度」篇

兩音相異的聲響最為和諧的「8度」

為了充分理解音的和諧度，我先來說明一下「音程」，還有表示音程的單位「度」。音程指的是「音高不同的兩個音之間的間隔」，而「度」則是用來表現這兩個音的間隔大小。同時發出相異的兩個音時，聽覺上的舒服程度，與這個度有非常密切的關係。我們來看一下**圖①**。

當頻率加倍時，音高就會上升一個8度。第2泛音是比基音C（Do）高一個8度的C，頻率也是它的兩倍。用比率來表示基音與第2泛音的頻率，就是1：2。第2泛音的頻率變成兩倍時，就是第4泛音。這個第4泛音與基音的頻率比是1：4。而且第4泛音是比基音高兩個8度的C。第8泛音又是第4泛音的兩倍，與基音的頻率比為1：8，是高三個8度的C。由此可見，當「頻率從基音開始以兩倍、再兩倍、再兩倍……的規律增加」時，「音高也會自基音逐次升高8度」。

圖① 將C當做基音的泛音列

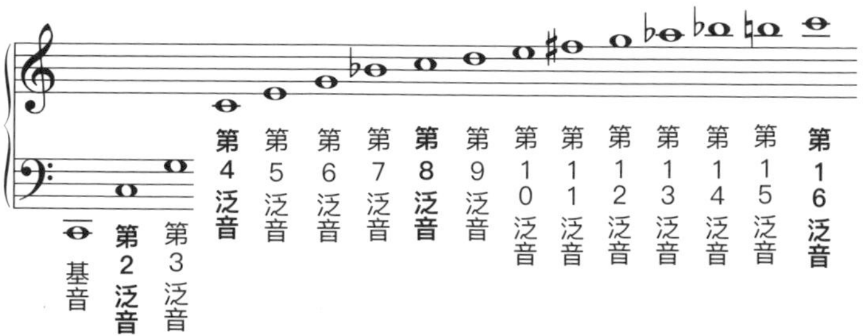

圖② 8度齊奏時基音與泛音的關係

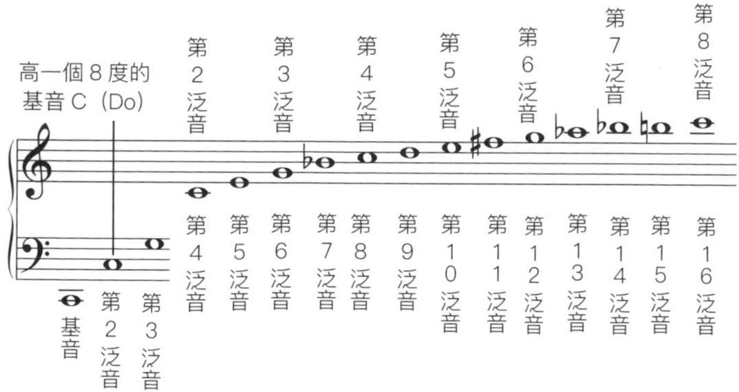

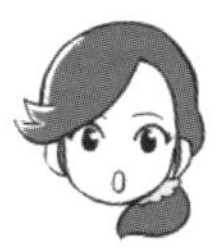

如果音程是「音高相異的兩音之間的間隔」的話，「同樣音高的音」就不叫做音程了嗎？

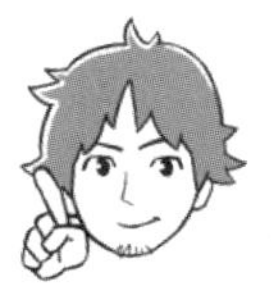

如果是同樣音高的音，它們之間就沒有間隔了呀。不過，這種情況下的兩音通常稱為「1度」的音程，又稱「同度（Unison)」。

而Octave這個詞，就是音程上常聽到的「8度」。一個8度指的是「從低音C（Do）到高音C（Do）的間隔」。我們把這個間隔中的音名一一列出來，就是「Do、Re、Mi、Fa、Sol、La、Si、Do」。從低音Do開始，往上數算八個音剛好是高音Do，因而稱為8度（正確來說是「完全8度」）。間隔8度音程的兩個音就算同時響起（8度齊奏（Octave Unison）），聽起來也毫無衝突感，完美融合為一體，和諧度可說相當高。為什麼呢？這是因為「相隔8度音程的兩個音，是基音與第2泛音的關係」。

當發出一個音（基音）時，也會同時發出其他許多泛音。舉例來說，只要發出低音C（Do），同時也會發出第2泛音、第4泛音、第8泛音……。高一個8度的C在同時間響起時，這個C不僅是「低音C的第2泛音」，也是「高音C的基音」，所以同樣會發出它的第2泛音、第4泛音、第8泛音……（參照第39頁圖②）。當相隔8度的兩個音同時響起時，由於「基音與泛音」、「泛音與泛音」在許多地方都是同音，所以聽起來會是飽滿、有亮度的聲響。這點放在第3泛音與第6泛音，第5泛音與第10泛音等其他泛音身上來看也是一樣。

♪兩音相異的聲響和諧度僅次於8度的就是「5度」

從和諧度來看，最和諧的是相隔8度的兩個音，其次是相隔「5度」的兩個音，也就是第2泛音與第3泛音、第4泛音與第6泛音、第8泛音與第12泛音……等，這些頻率比都是2：3的音程。雖然不如8度的頻率比（1：2）那般純粹，但之所以位居第二是因為2：3的比率簡潔，相較於其他音程更為和諧的關係。我們再來看一下「將C當做基音的泛音列」（參照第39頁**圖①**）。基音是C（Do）的時候，第2泛音是高一個8度的C（Do），而第3泛音是G（Sol）。這個5度音程在演奏手法、編曲或弦樂器調音等各種情況中經常出現。舉例來說，電吉他有一種名為「強力和弦（Power Chord）」的演奏手法，氣勢如其名非常強大，是搖滾樂不可或缺的元素。加上破音效果等時，如果彈奏一般三個音以上的和弦，聲音就會聽起來很混濁，所以這種彈奏手法「只會彈奏相隔5度音程的兩個音」。如果是C和弦（Do、Mi、Sol），就只要彈「根音（做為和弦地基的音）」C（Do）與5度音的G（Sol）。此外，調音方面，除了低音提琴（Contrabass）以外，在構造設計上其他的弦樂器幾乎都是以間隔5度來調音。

♪兩音相異的聲響和諧度與5度相同的為「4度」

除此之外，兩個音的和諧度與5度音程差不多的就是「4度」。4度是第3泛音與第4泛音這類頻率比為3：4的音程。如果基音是C（Do），第3泛音就是比基音高一個8度的G（Sol），而第4泛音是高兩個8度的C（Do）。各位是不是也覺得「咦！好像有點奇怪……」？沒錯。5度是「C（Do）跟G（Sol）」，而4度是「G（Sol）跟C（Do）」。換句話說，它們的組成音完全相同。從C（Do）開始數算「Do、Re、Mi、Fa、Sol」，就是5度音程，而從G（Sol）開始數算「Sol、La、Si、Do」，則是4度音程。更換開始數算的音就稱為「音程的轉位」。

剛剛說明弦樂器的調音多半是間隔5度時，有說到某種樂器不在此規則內，對吧？它就是低音提琴。低音提琴是以間隔4度為準來調音。實質上跟它算是同一種樂器的貝斯（Bass），也是以間隔4度來調音。5度音程和4度音程的組成音一致，由此可知，低音提琴各弦調音時所遵循的4度音程，與小提琴等樂器調音時依據的5度音程，作用差不多。

5度音程及強力和弦

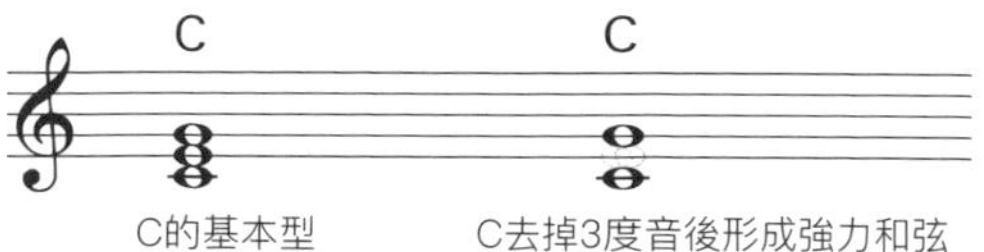

小提琴、中提琴、大提琴的調音用5度間隔

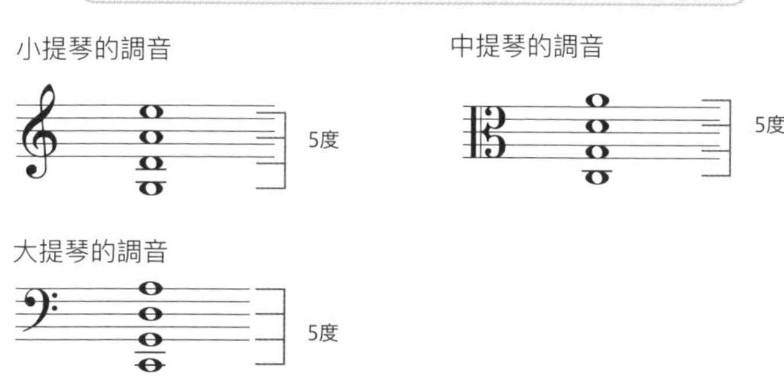

低音提琴（貝斯）的調音用4度間隔

低音提琴（貝斯）的調音

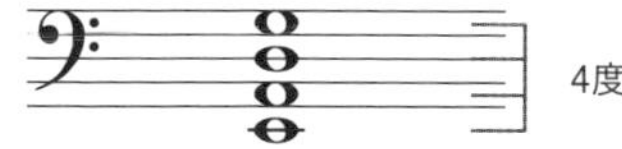

5度音程與4度音程僅是數算方法不同

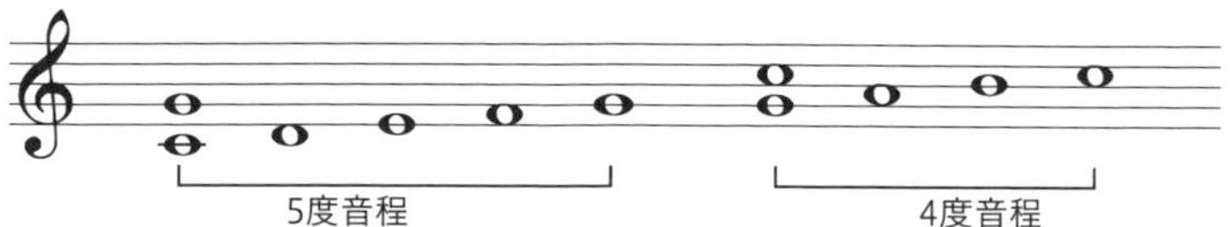

CHAPTER2
「三明治的酸度因內餡而改變」篇

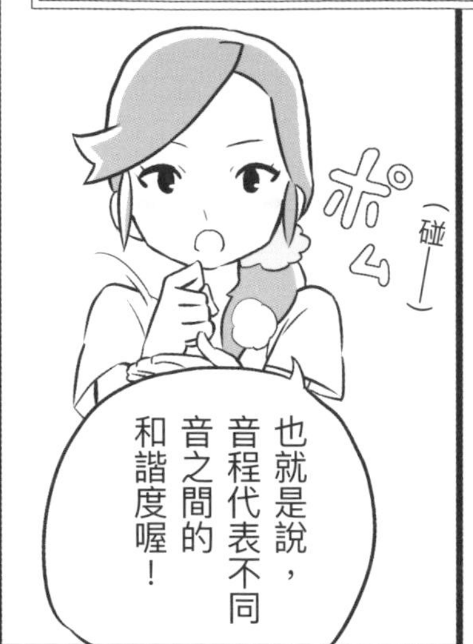

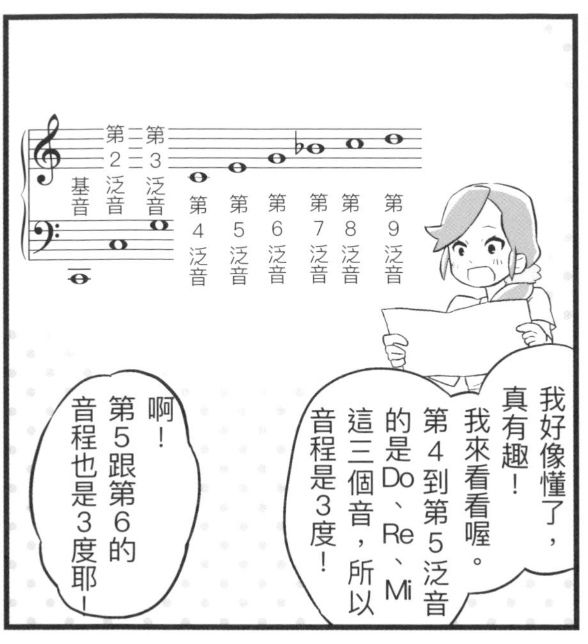

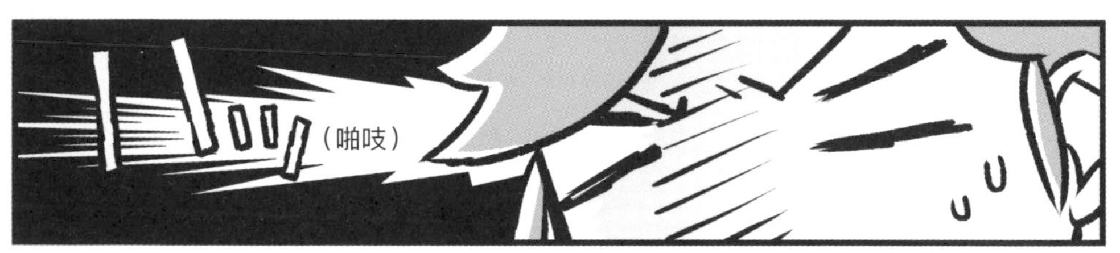

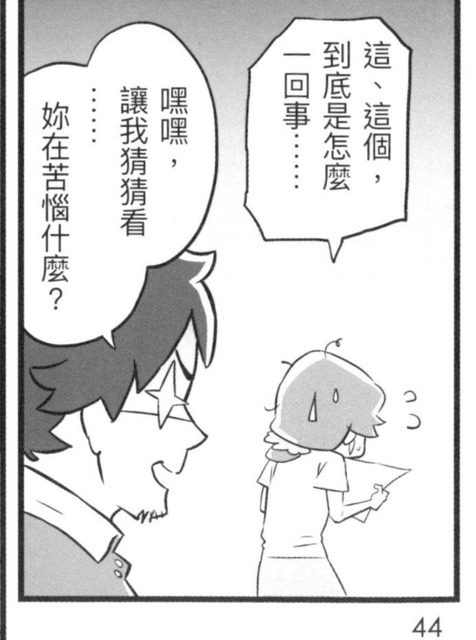

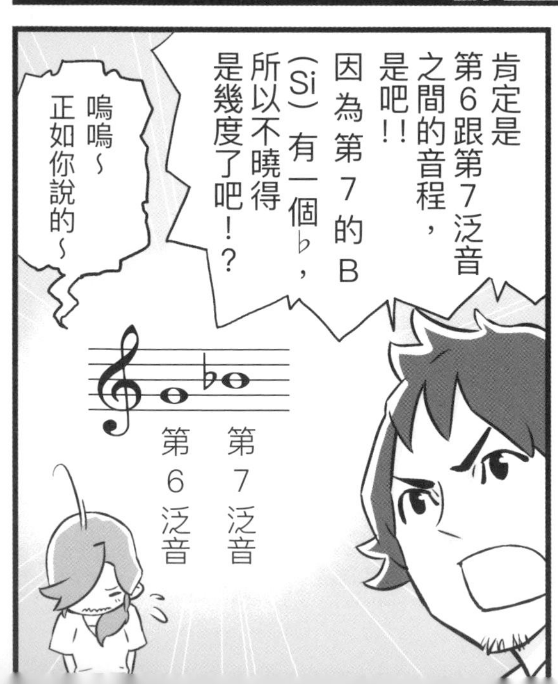

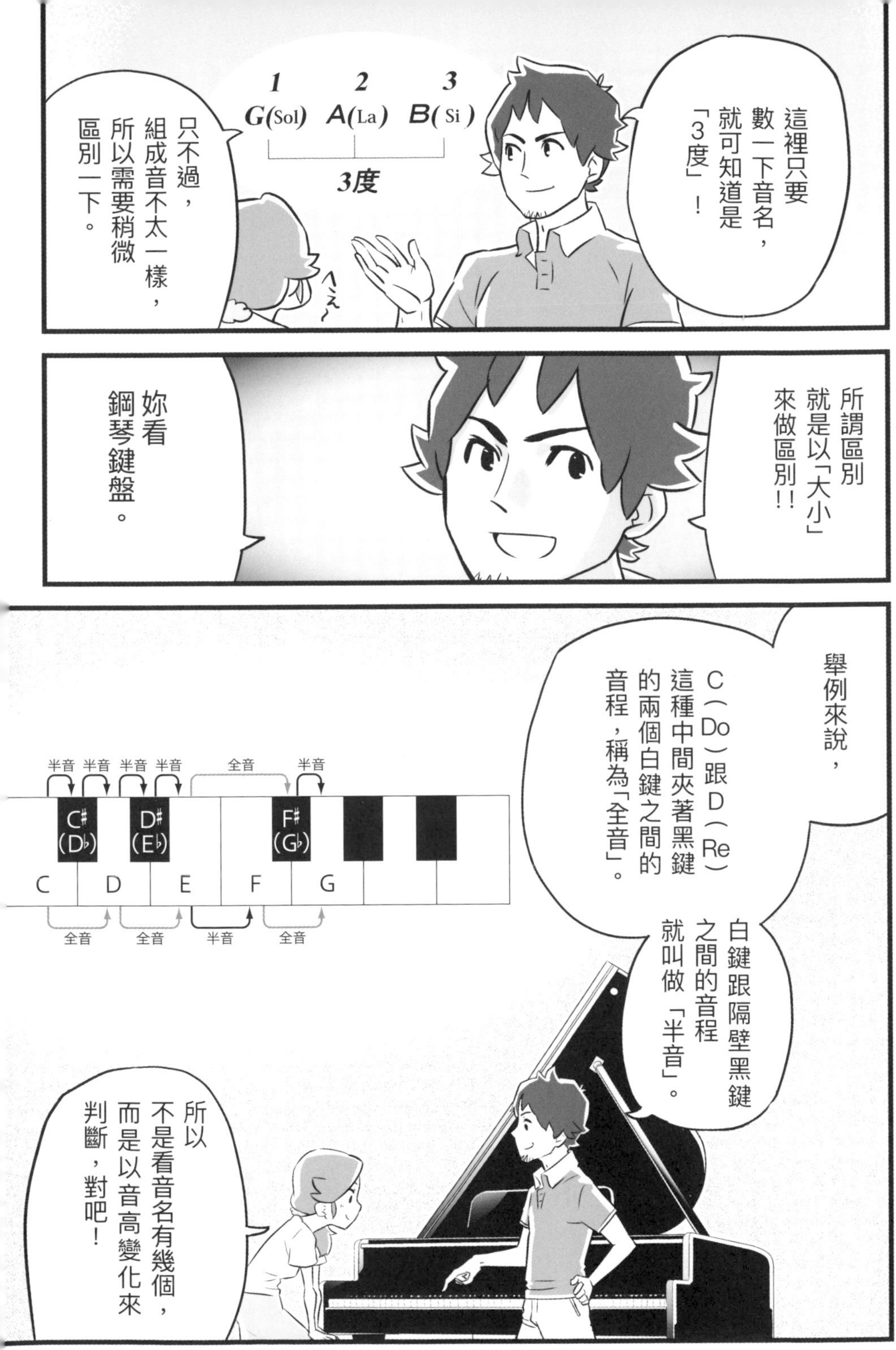

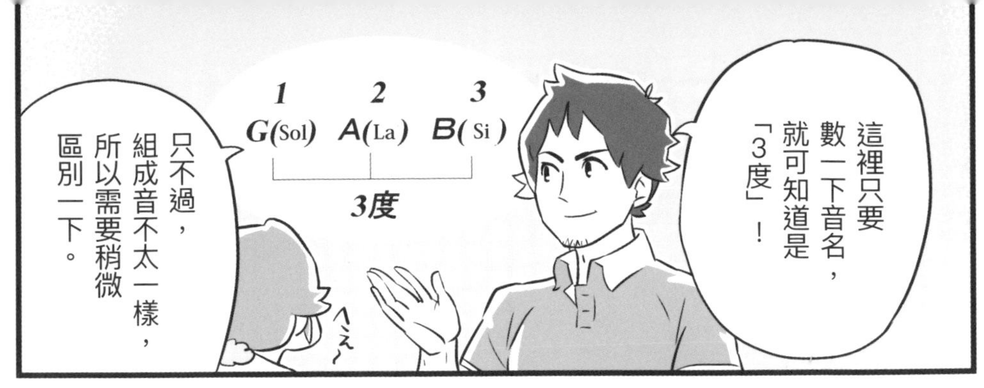

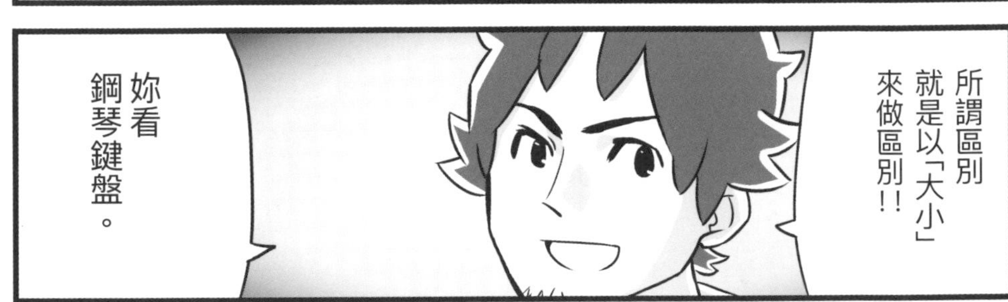

舉例來說，C（Do）跟D（Re）這種中間夾著黑鍵的兩個白鍵之間的音程，稱為「全音」。

半音 半音 半音 半音 全音 半音

C♯（D♭） D♯（E♭） F♯（G♭）

C D E F G

全音 全音 半音 全音

白鍵跟隔壁黑鍵之間的音程就叫做「半音」。

所以不是看音名有幾個，而是以音高變化來判斷，對吧！

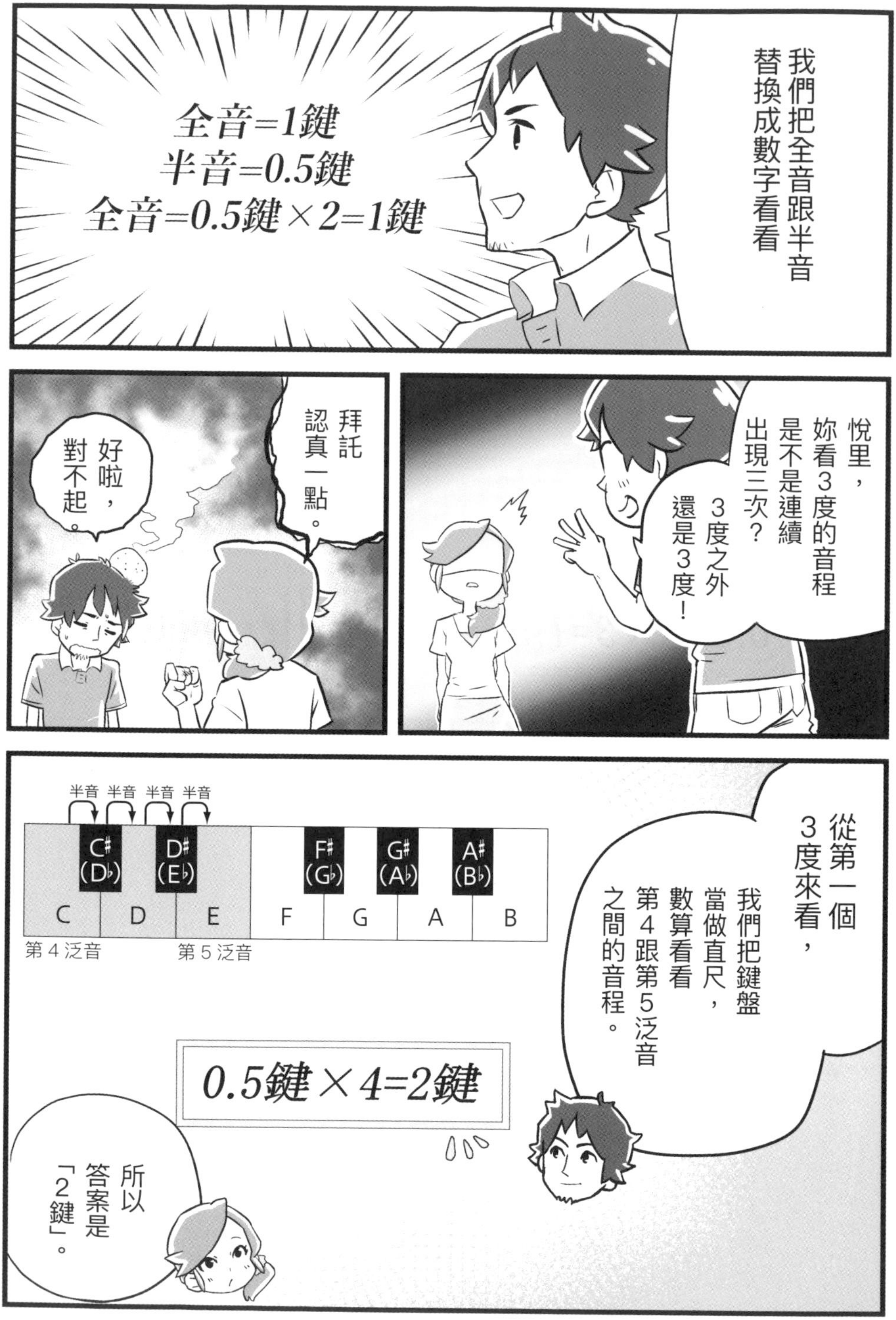

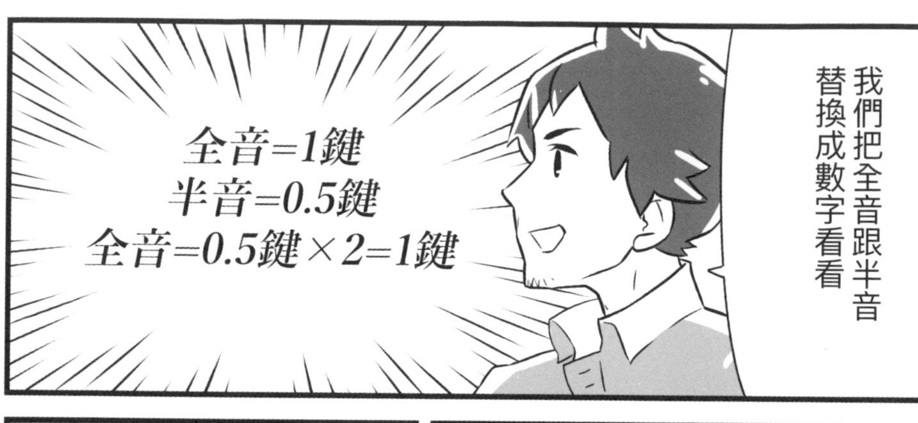

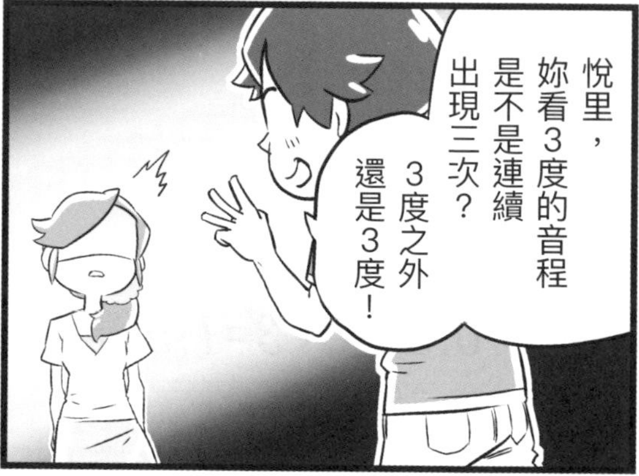

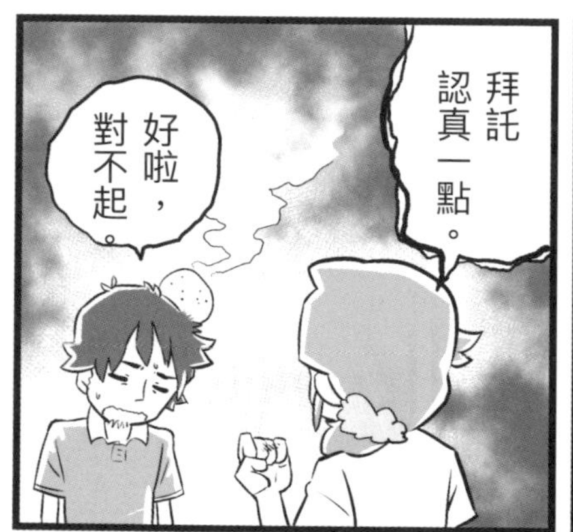

從第一個3度來看，

我們把鍵盤當做直尺，數算看看第4跟第5泛音之間的音程。

半音 半音 半音 半音

C♯(D♭) D♯(E♭) F♯(G♭) G♯(A♭) A♯(B♭)

C D E F G A B

第 4 泛音　第 5 泛音

0.5鍵×4=2鍵

所以答案是「2鍵」。

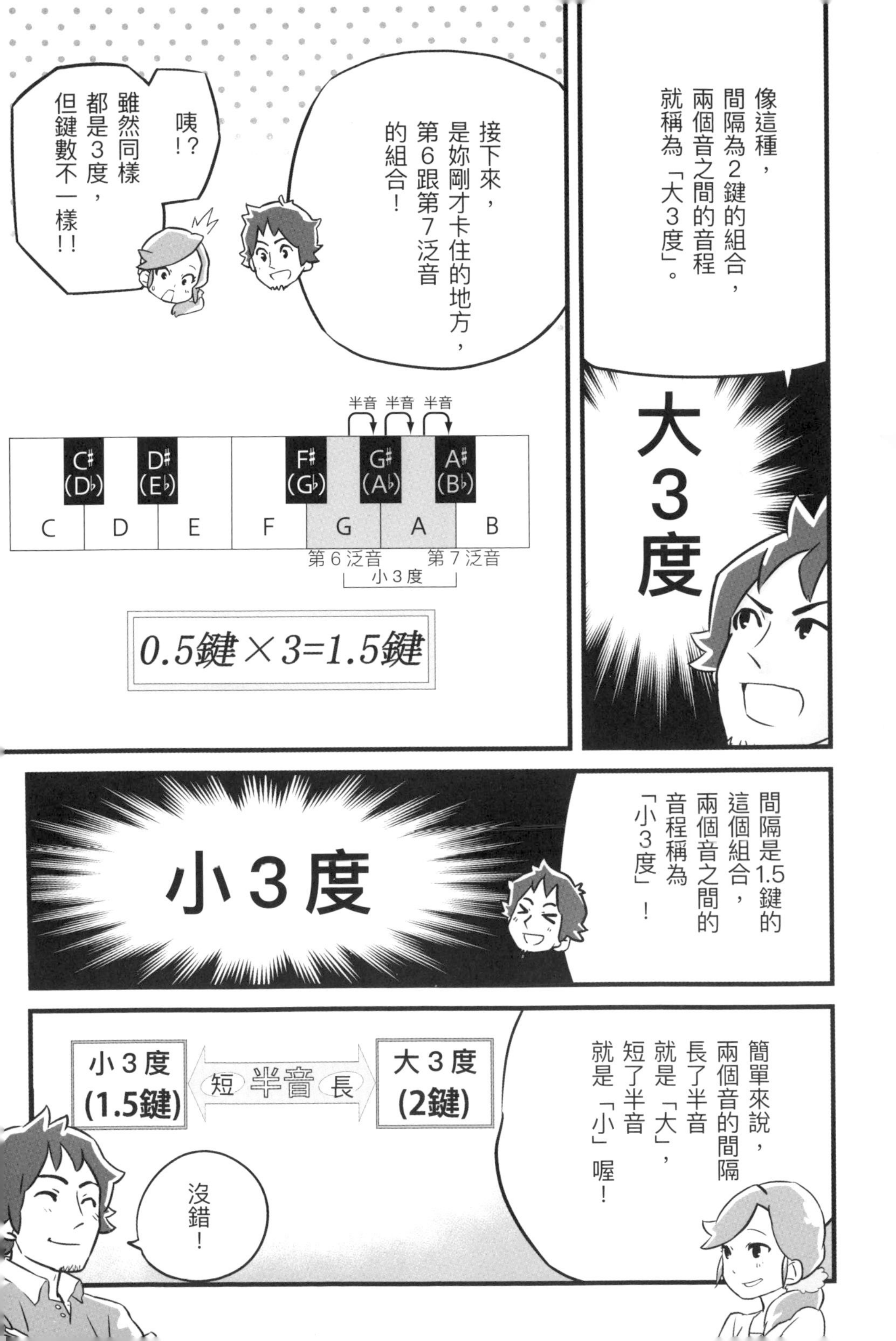

像這種，間隔為2鍵的組合，兩個音之間的音程就稱為「大3度」。

接下來，是妳剛才卡住的地方，第6跟第7泛音的組合！

咦!?

雖然同樣都是3度，但鍵數不一樣!!

半音 半音 半音

C# (D♭) D# (E♭) F# (G♭) G# (A♭) A# (B♭)

C D E F G A B

第6泛音 第7泛音

小3度

0.5鍵×3=1.5鍵

間隔是1.5鍵的這個組合，兩個音之間的音程稱為「小3度」！

簡單來說，兩個音的間隔長了半音就是「大」，短了半音就是「小」喔！

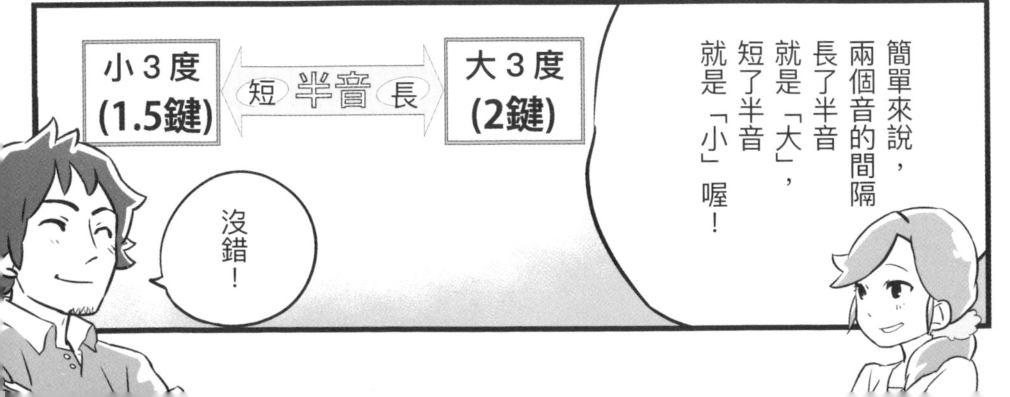

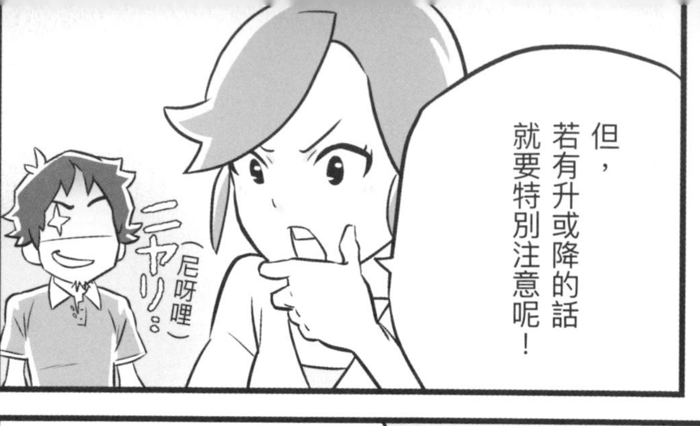
但，
若有升或降的話
就要特別注意呢！
ニヤリ…
（尼呀哩）

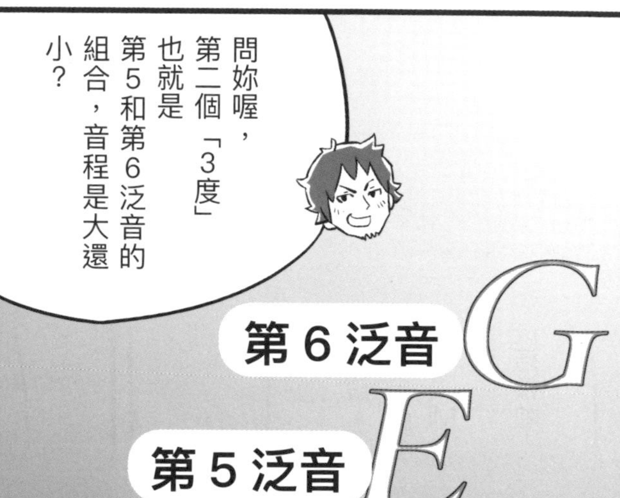
問妳喔，
第二個「3度」
也就是
第5和第6泛音的
組合，音程是大還
小？
第6泛音
G
第5泛音
E

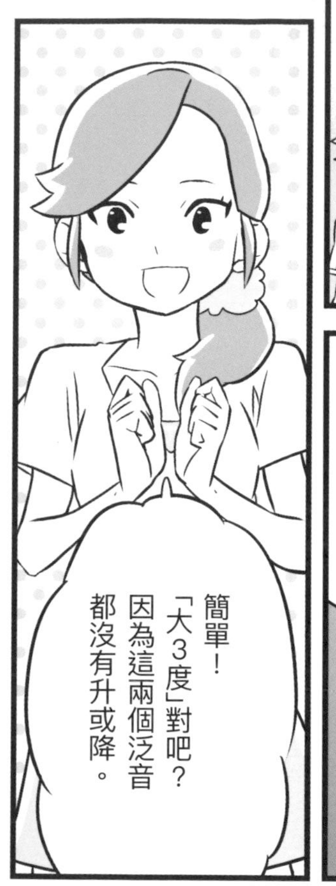
簡單！
「大3度」對吧？
因為這兩個泛音
都沒有升或降。

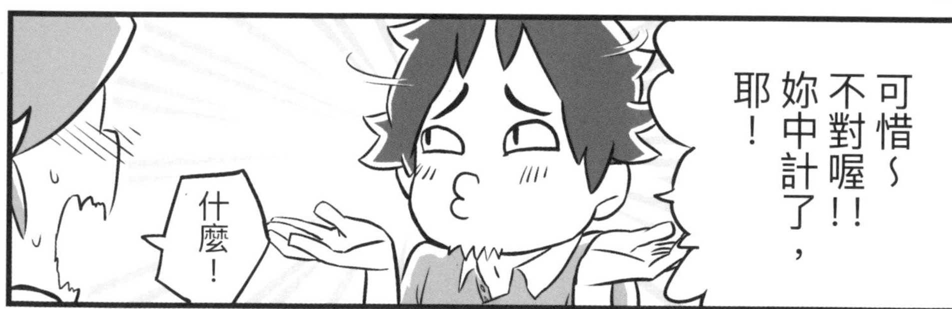
可惜～
不對喔!!
妳中計了，
耶！
什麼！

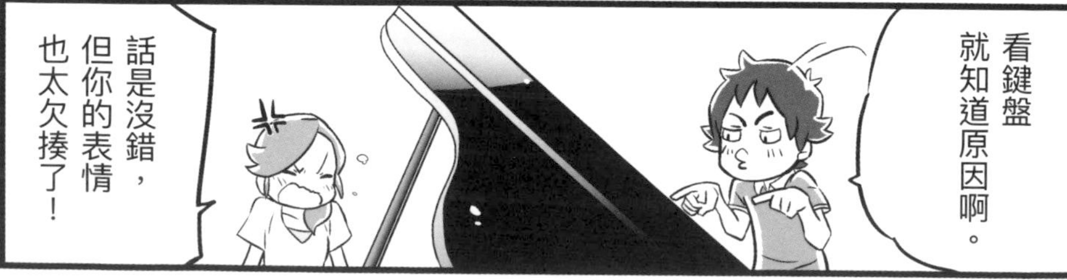
看鍵盤
就知道原因啊。
話是沒錯，
但你的表情
也太欠揍了！

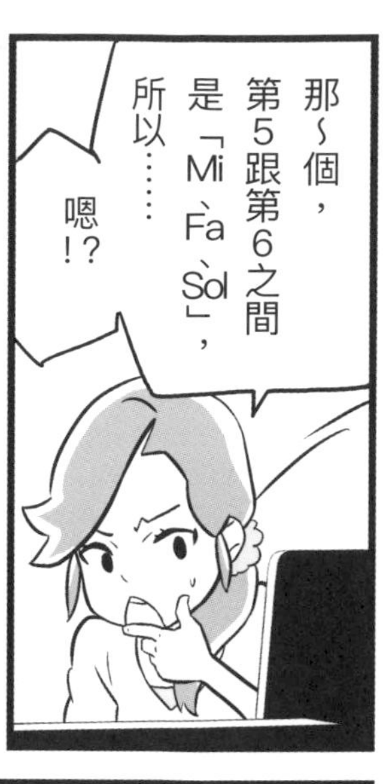

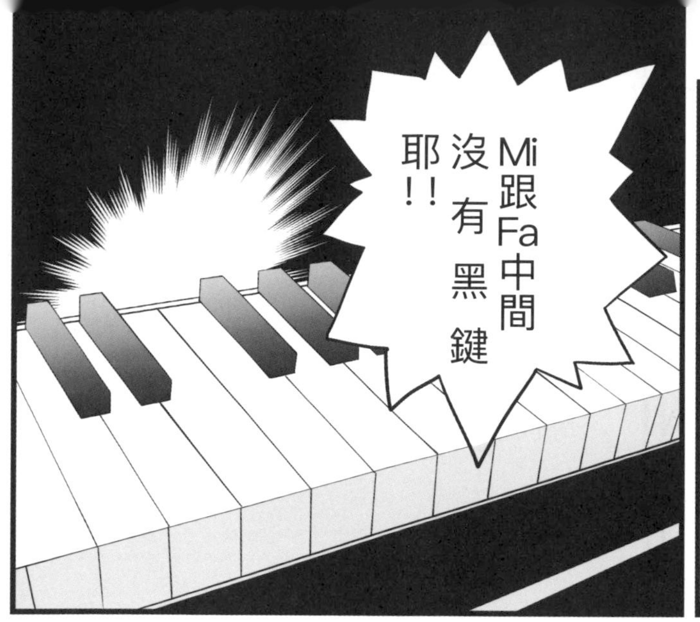

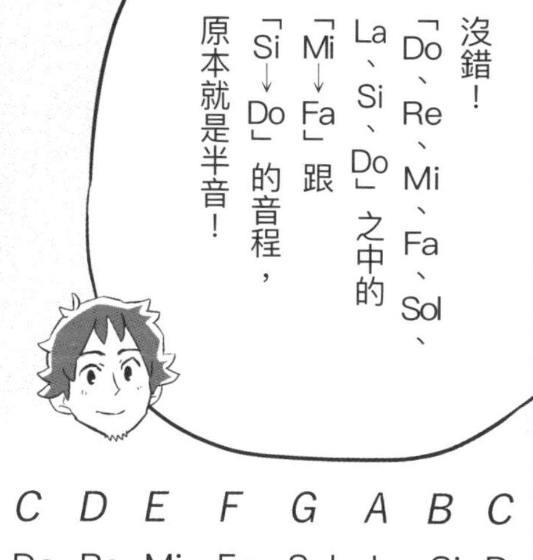

所以呀，兩個白鍵中間沒有黑鍵的兩音之間的音程也是半音。

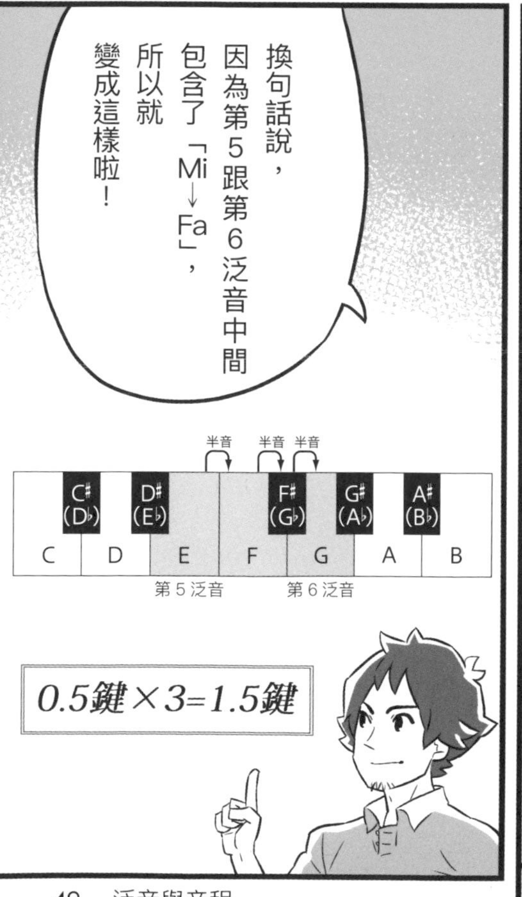

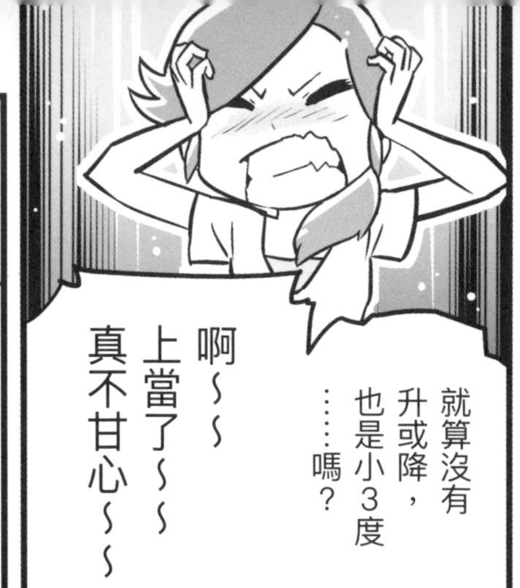

就算沒有升或降，也是小3度……嗎？
啊~~上當了~~真不甘心~~

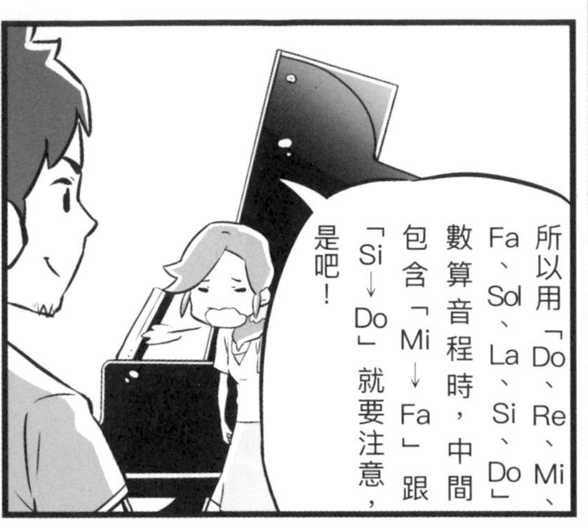

所以用「Do、Re、Mi、Fa、Sol、La、Si、Do」數算音程時，中間包含「Mi→Fa」跟「Si→Do」就要注意，是吧！

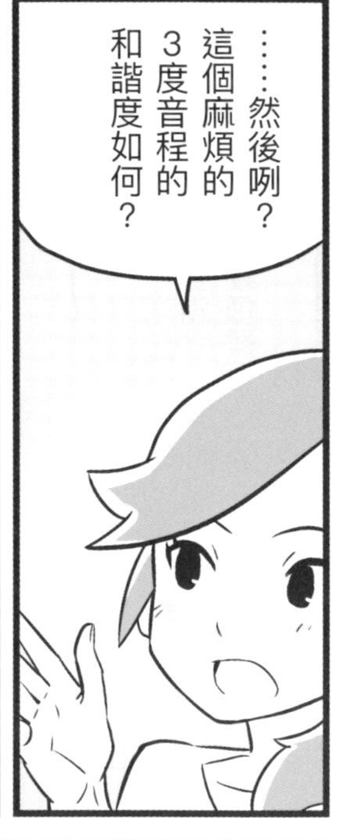

……然後咧？這個麻煩的3度音程的和諧度如何？

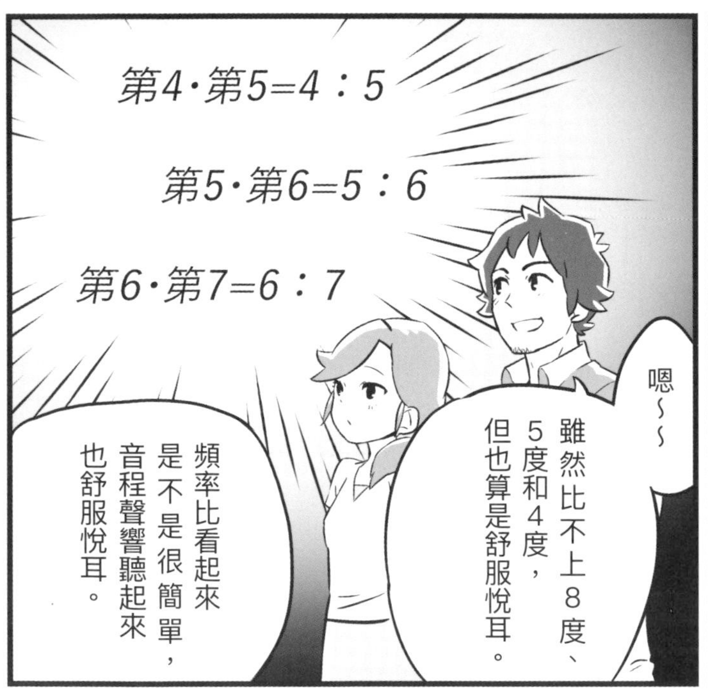

第4·第5=4：5
第5·第6=5：6
第6·第7=6：7
嗯~~雖然比不上8度、5度和4度，但也算是舒服悅耳。
頻率比看起來是不是很簡單，音程聲響聽起來也舒服悅耳。

對了，雖然有點像廢話……大3度跟小3度的聲響也不同喔！

大

小

譯注　原文是「三度だけにサンドの酸度が...って」這句中的「三度」「サンド（三明治）」「酸度」是同音異義。

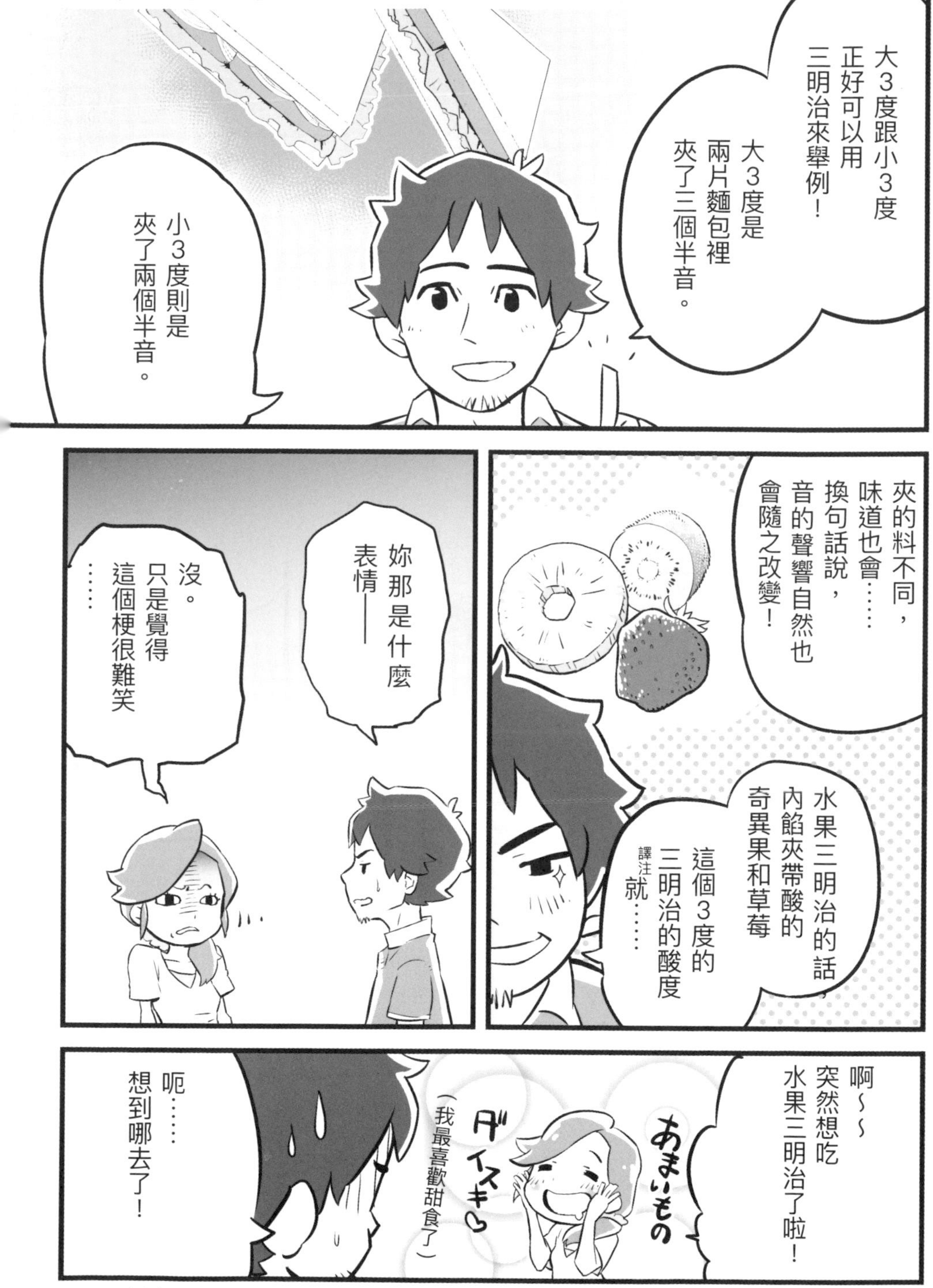

大3度跟小3度
正好可以用
三明治來舉例！

大3度是
兩片麵包裡
夾了三個半音。

小3度則是
夾了兩個半音。

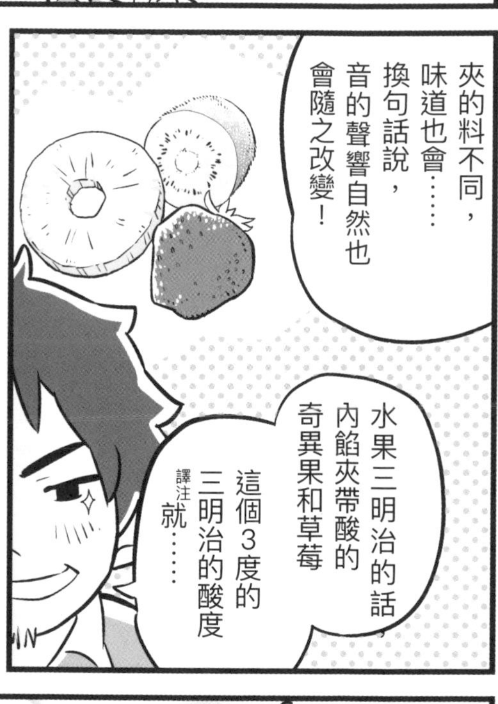

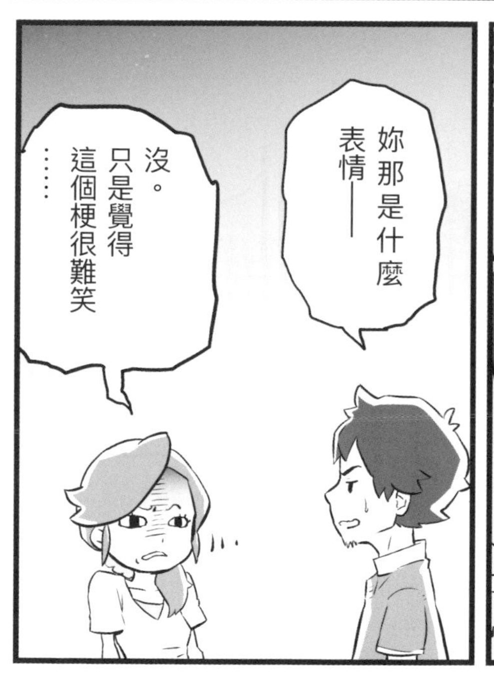

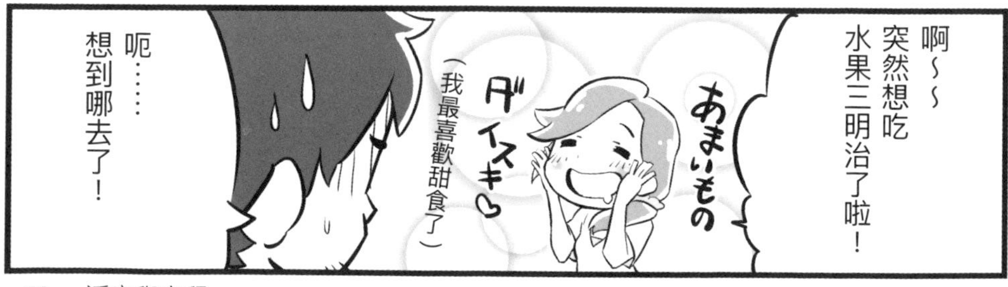

Chapter 2

「三明治的酸度因內餡而改變」篇

「3度」音程有大小之別！？

學會8度、5度和4度這些和諧的音程之後，也會對其他音程產生好奇吧。接著，我們來看一下還有哪些音程。首先，從「3度」開始……，這個3度音程有需要多加留意的地方。為什麼呢？其實3度分成「大3度」和「小3度」兩種。只要把鋼琴等鍵盤樂器當做直尺來思考，就很容易理解兩者的差別。

請看**圖①**。舉個例子來說，C（Do）和D（Re）是「中間夾著黑鍵的相鄰兩個白鍵」，兩個音之間的音程，就稱為「全音」。這時候，C和D中間的黑鍵就是$C^{\#}$（$Do^{\#}$），又稱為$D^{\flat}$（$Re^{\flat}$）。而這個「白鍵和相鄰黑鍵」之間的音程，則稱為「半音」。請先牢記這項規則。在鍵盤上，半音是能夠表現音高差異的最小間距。

圖① 全音與半音

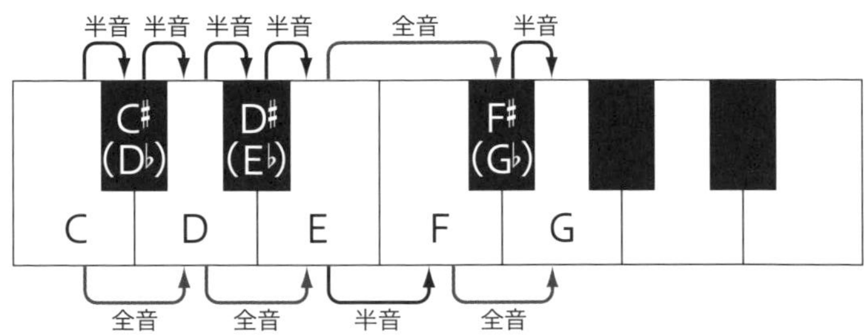

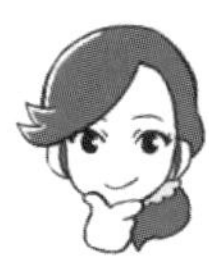

C（Do）和C♯（Do♯）的間距是半音，而C♯（Do♯）和D（Re）的間距也是半音……。因此，所謂「全音」（C和D之間的音程），就是「半音＋半音」。換句話說「全音＝兩個半音」。

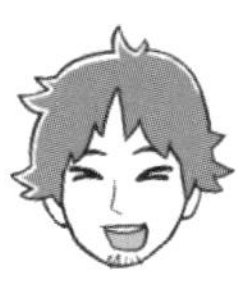

沒錯。我們已經知道「全音=1鍵」、「半音=0.5鍵」，也就是說「全音=0.5×2=1鍵」。吉他的一個琴格就是0.5鍵（半音），兩個琴格就是1鍵（全音）喔。很簡單吧！

這裡會有一個問題。前面在數算音程的度數時，我們是以「因為是Do、Re、Mi，所以是3度」或「因為是Mi、Fa、Sol，所以是3度」來判斷，也就是看音名的數量，對吧？不過，如果不用音名，而改用半音的間隔來計算時，數字上就會出現歧異。舉例來說，以半音＝0．5鍵為基準，計算圖①的第4泛音和第5泛音相隔幾鍵，也就是C（Do）和E（Mi）間隔幾鍵，那麼根據「Do→Do$^{\#}$→Re→Re$^{\#}$→Mi」，算出來就是0．5鍵×4＝2鍵。再舉一個例子，做為第5泛音和第6泛音的E（Mi）跟G（Sol）呢？根據「Mi→Fa→Fa$^{\#}$→Sol」，所以就是0．5鍵×3＝1．5鍵。用音名來數算時都是3度，但兩個音的間距是0．5鍵×4＝2鍵的3度，會稱為大3度，而間距是0．5鍵×3＝1．5鍵時，則是小3度。這就是大小的區別。

接著來看圖②，剛才舉的兩個例子，看圖就更容易理解它們的差異了。請看E（Mi）和F（Fa），這兩個音的中間沒有黑鍵，對吧？像這樣中間沒有夾著黑鍵的相鄰兩個白鍵，兩個音之間的音程就是半音（0．5鍵）。

同樣地，另一組也是中間沒有夾著黑鍵的就是B（Si）和C（Do）。因此，當我們用「Do、Re、Mi」來數算音程時，如果中間包含「E（Mi）→F（Fa）」或「B（Si）→C（Do）」，就要特別注意喔。

圖① 將C(Do)當做基音的泛音列

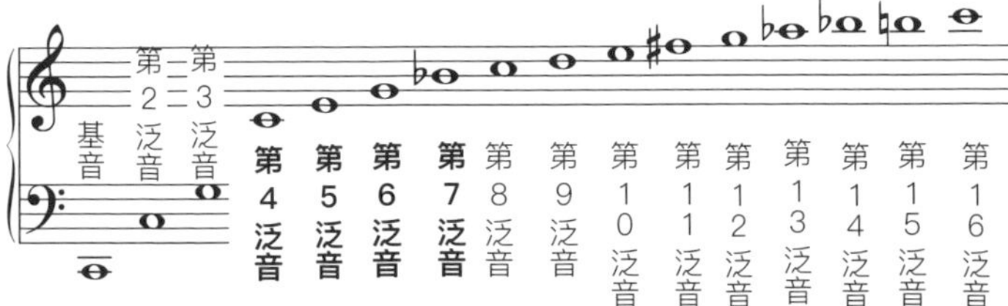

圖② 音程不同卻同為三度

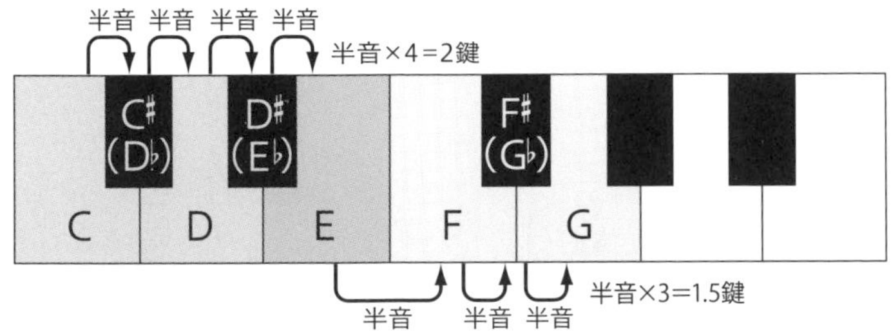

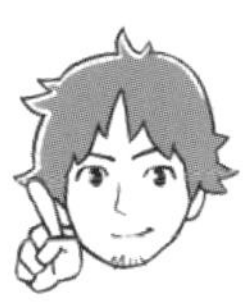

已經清楚3度有分大3度和小3度了吧。我來出題考妳喔。大3度和小3度的英文分別是什麼呢？

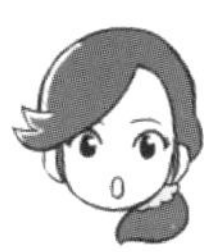

老師，你明明知道我英文很爛……（怒）。

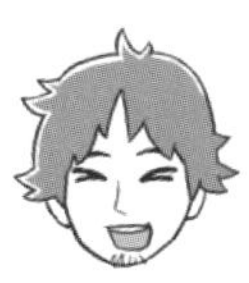

這、這個……（好恐怖）。大3度的英文是「Major Third」，小3度則是「Minor Third」。這個跟和弦名稱也有關係，先有概念會有幫助。

「沒有降記號或升記號的兩個音，它們的音程關係是3度時，如果中間包含E（Mi）↓F（Fa）或B（Si）↓C（Do），就是小3度，反之就是大3度。第4泛音的C（Do）和第5泛音的E（Mi）之間的音程為大3度，第5泛音的E（Mi）和第6泛音的G（Sol）之間的音程是小3度（**圖①**）。那麼，第6泛音的G（Sol）和第7泛音的B$^{\flat}$（Si$^{\flat}$）是幾度音程呢？馬上來看**圖②**數算看看。根據「Sol↓Sol$^{\sharp}$↓La↓La$^{\sharp}$（＝Si$^{\flat}$）」，所以間隔是0．5鍵×3＝1．5鍵。正確答案是小3度。

♪大3度和小3度在音頻上的差異

第4泛音和第5泛音、第8泛音和第10泛音都是大3度音程，且兩音頻率比為4：5。第5泛音和第6泛音、第10泛音和第12泛音的音程則都是小3度，兩個音的頻率比為5：6。另外，第6泛音和第7泛音、第12泛音和第14泛音的音程也都是小3度，兩個音的頻率比為6：7。

由此可見，大3度音程和小3度音程的兩個音，它們的頻率比雖然不及8度（1：2）、5度（2：3）或4度（3：4），但4：5、5：6、6：7也是相對單純的比率，所以還算是聽起來相當協調、舒服的音程。

圖① 第4和第5泛音的音程為大3度，第5和第6泛音的音程為小3度

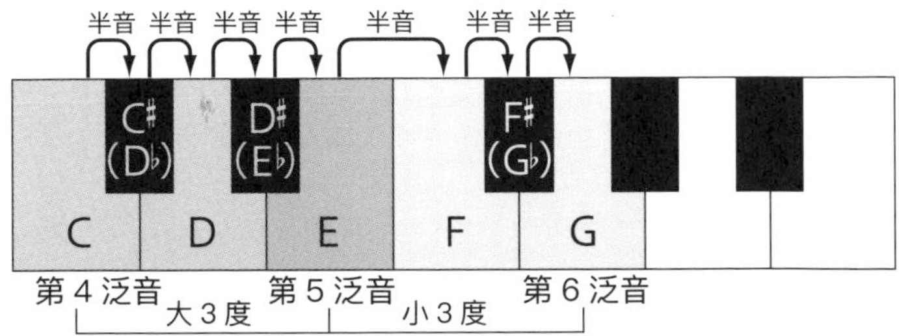

圖② 第6和第7泛音的音程為小3度

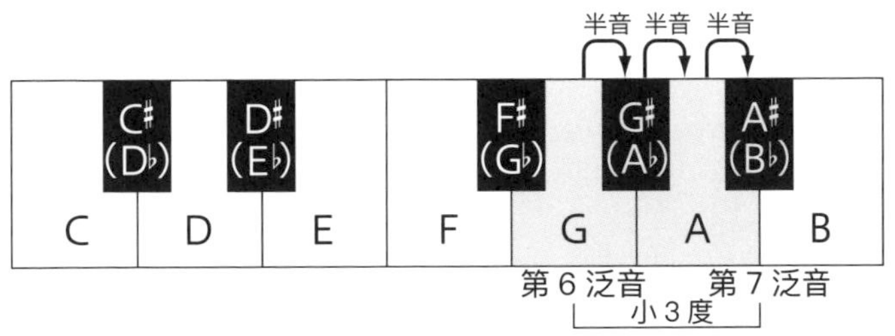

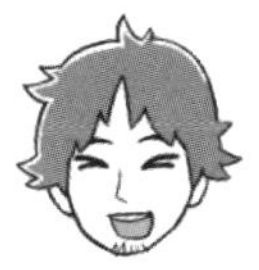

悅里，妳彈看看第4泛音（C）和第5泛音（E）的大3度音程，還有第5泛音（E）和第6泛音（G）的小3度音程。

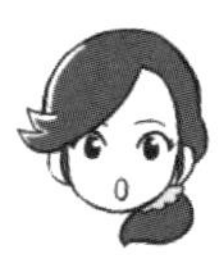

好～首先是Do和Mi……。再來是Mi和Sol對吧……。喔喔！聽起來有點不太一樣耶。

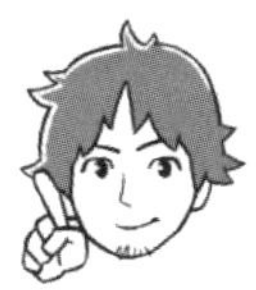

是吧。感覺上，活潑的悅里是大3度，憂鬱小生如我是小3度，對吧？

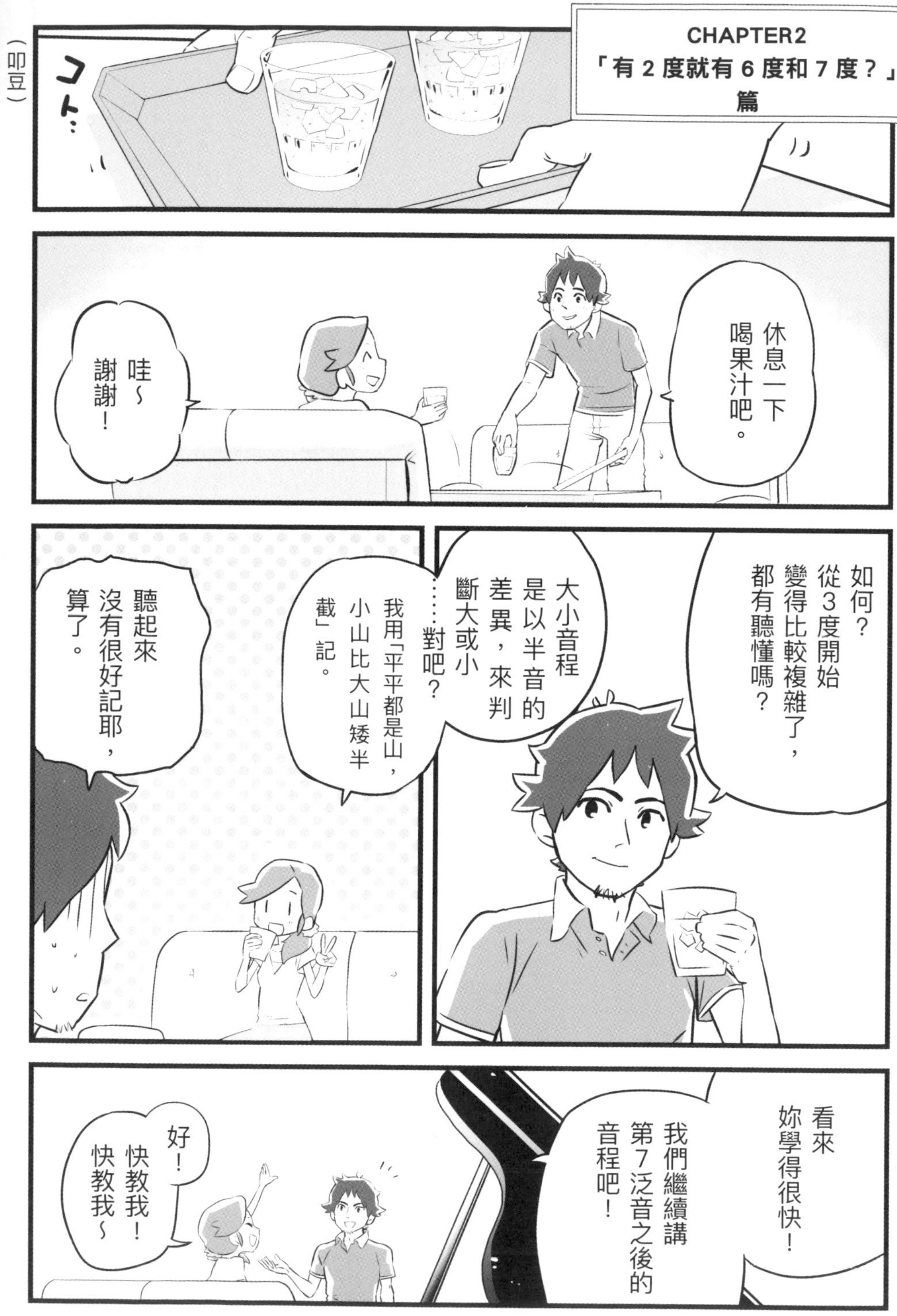

CHAPTER2
「有 2 度就有 6 度和 7 度？」篇

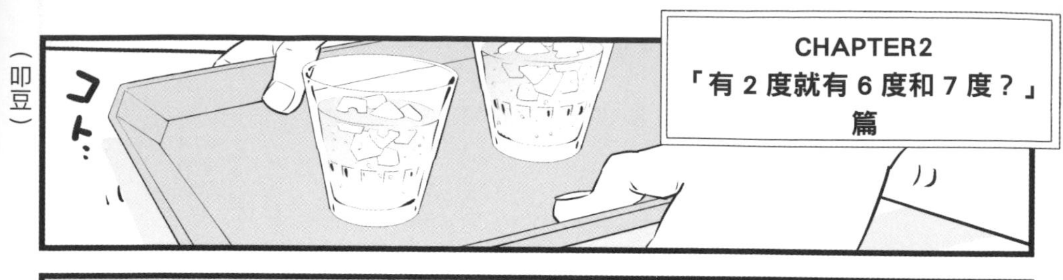

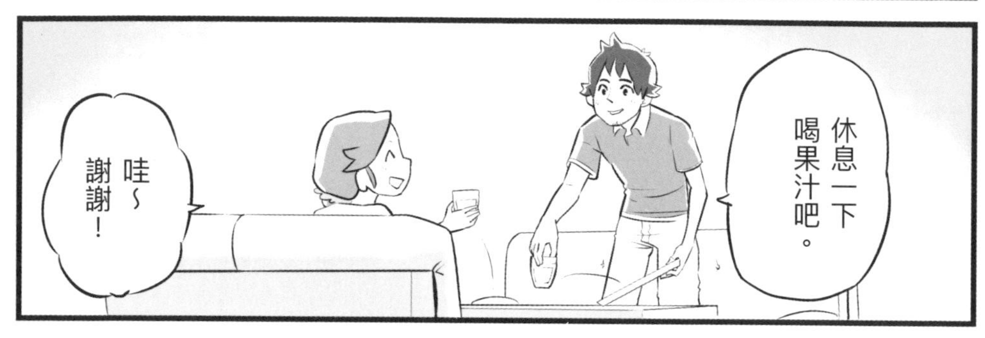

如何？
從3度開始
變得比較複雜了，
都有聽懂嗎？

大小音程
是以半音的
差異，來判
斷大或小
……對吧？

我用「平平都是山，
小山比大山矮半
截」記。

聽起來
沒有很好記耶，
算了。

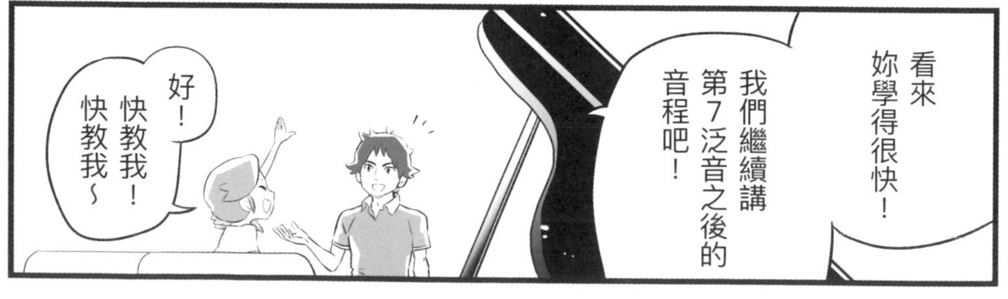

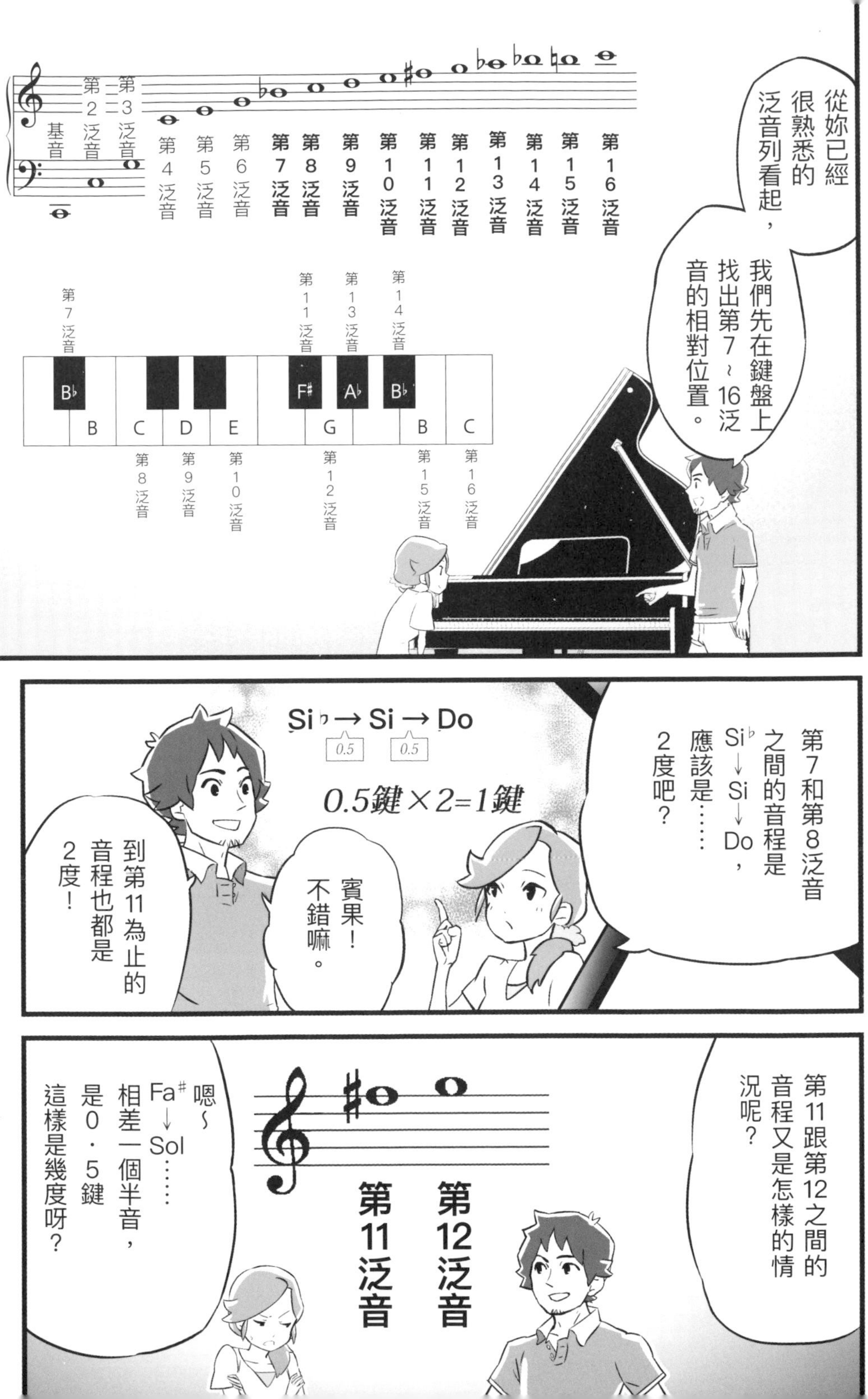

從妳已經很熟悉的泛音列看起，

我們先在鍵盤上找出第7～16泛音的相對位置。

基音　第2泛音　第3泛音　第4泛音　第5泛音　第6泛音　**第7泛音**　**第8泛音**　**第9泛音**　**第10泛音**　**第11泛音**　**第12泛音**　**第13泛音**　**第14泛音**　**第15泛音**　**第16泛音**

第7泛音　第11泛音　第13泛音　第14泛音

B♭　F♯　A♭　B♭

B　C　D　E　G　B　C

第8泛音　第9泛音　第10泛音　第12泛音　第15泛音　第16泛音

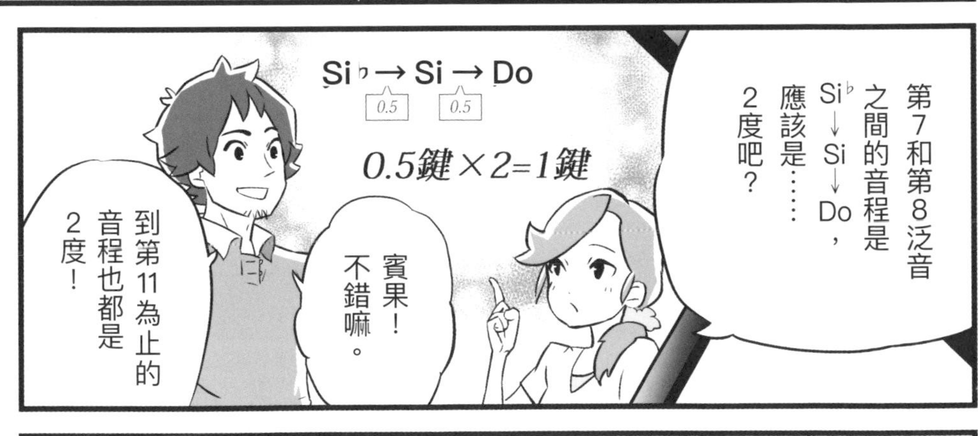

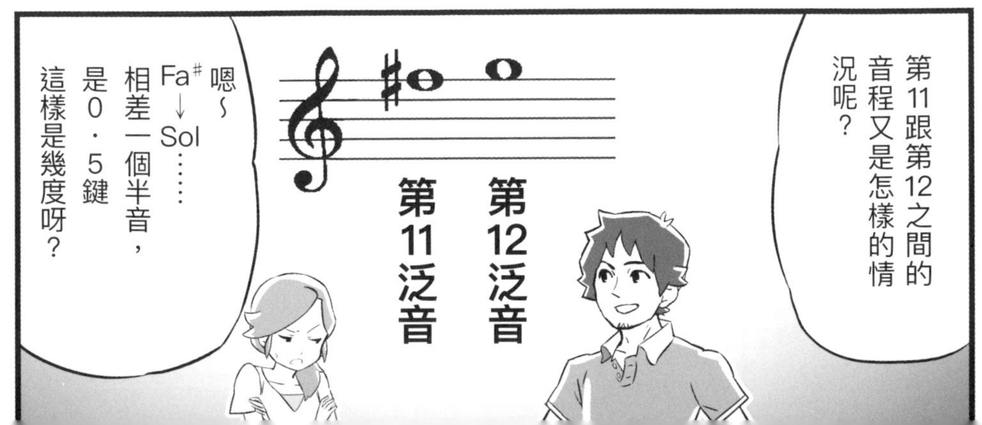

這裡要用3度時的「大小」來思考！

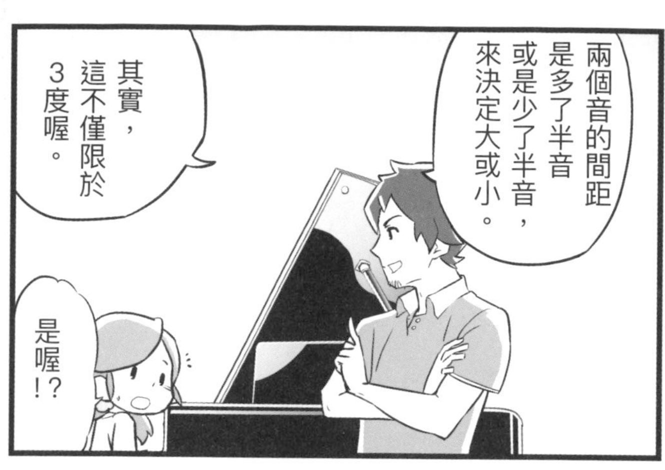
兩個音的間距是多了半音或是少了半音，來決定大或小。
其實，這不僅限於3度喔。
是喔！？

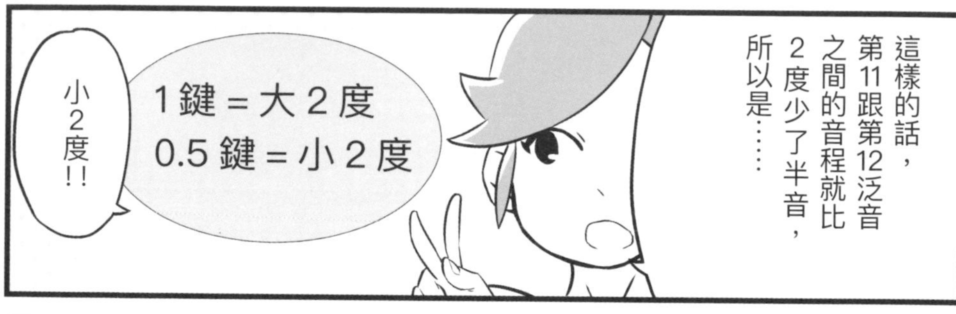
這樣的話，第11跟第12泛音之間的音程就比2度少了半音，所以是……
1鍵＝大2度
0.5鍵＝小2度
小2度！！

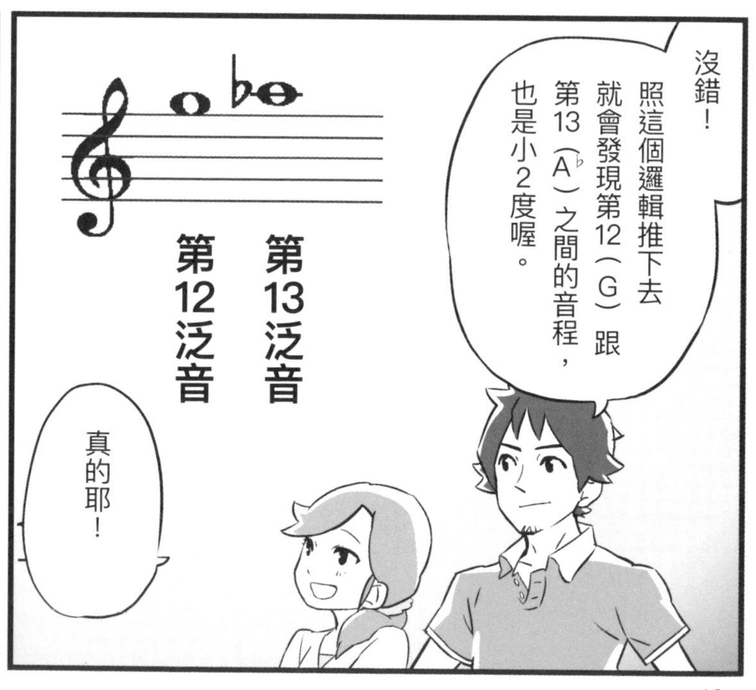
沒錯！
照這個邏輯推下去就會發現第12（G）跟第13（A♭）之間的音程，也是小2度喔。
第13泛音
第12泛音
真的耶！

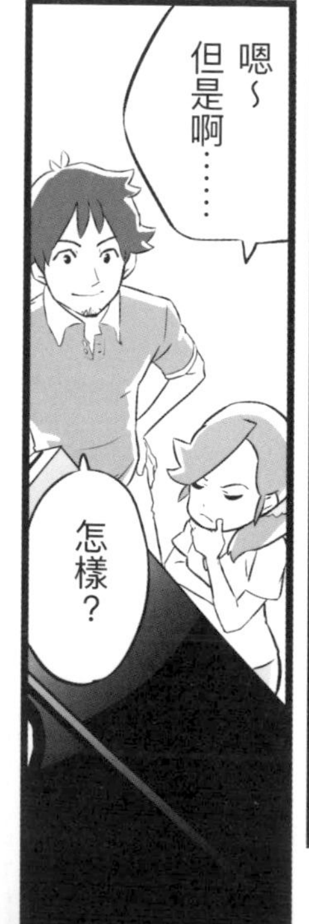
嗯～但是啊……
怎樣？

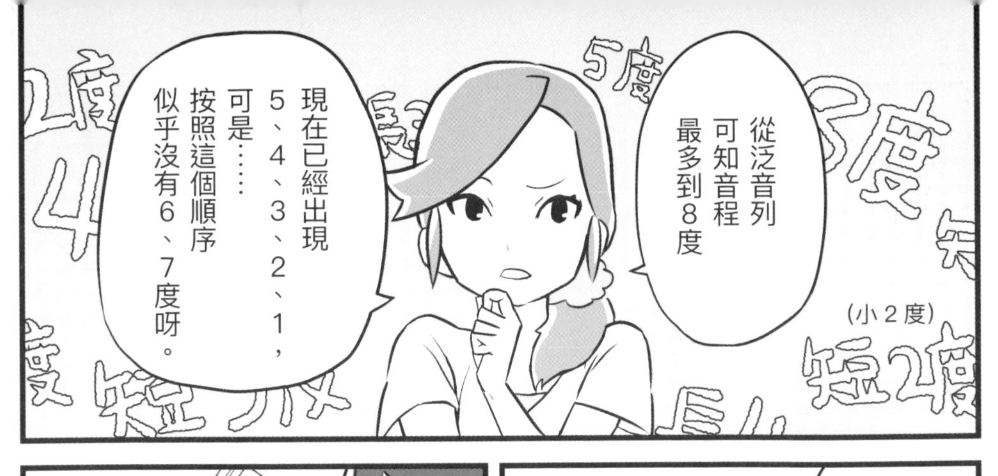
從泛音列
可知音程
最多到8度
現在已經出現
5、4、3、2、1，
可是……
按照這個順序
似乎沒有6、7度呀。
5度
(小2度)

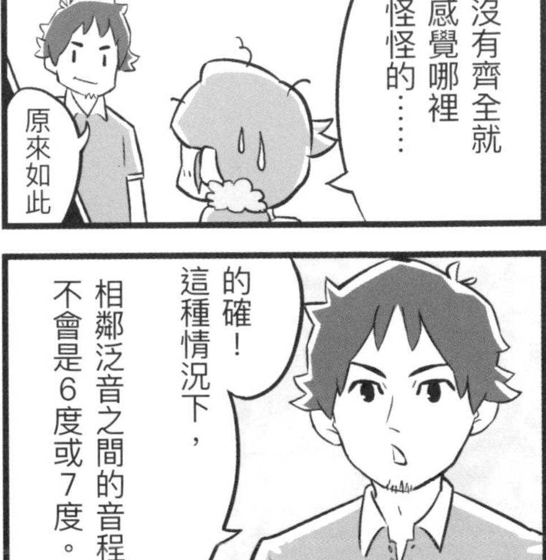
沒有齊全就
感覺哪裡
怪怪的……
原來如此

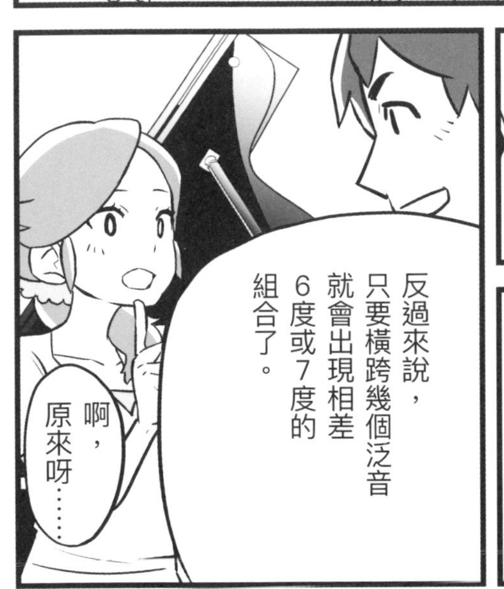
反過來說，
只要橫跨幾個泛音
就會出現相差
6度或7度的
組合了。
啊，
原來呀……

的確！
這種情況下，
相鄰泛音之間的音程
不會是6度或7度。

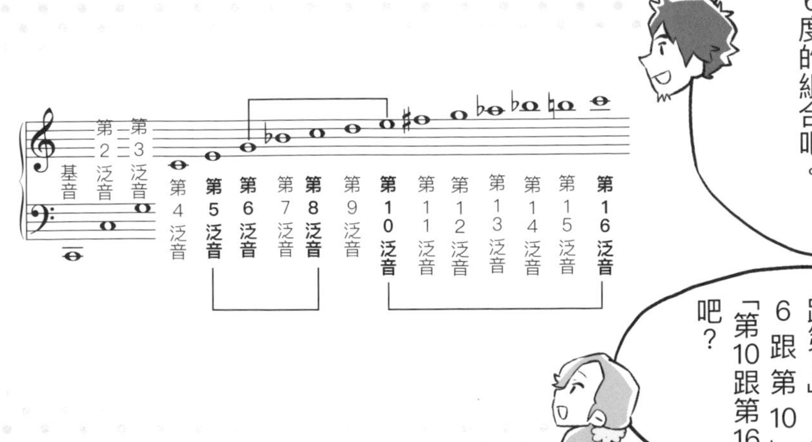
我們來看泛音列
找找看有可能出現
6度的組合吧。
基音
第2泛音
第3泛音
第4泛音
第5泛音
第6泛音
第7泛音
第8泛音
第9泛音
第10泛音
第11泛音
第12泛音
第13泛音
第14泛音
第15泛音
第16泛音
嗯～
應該是「第5跟第8」、「第6跟第10」、
「第10跟第16」
吧？

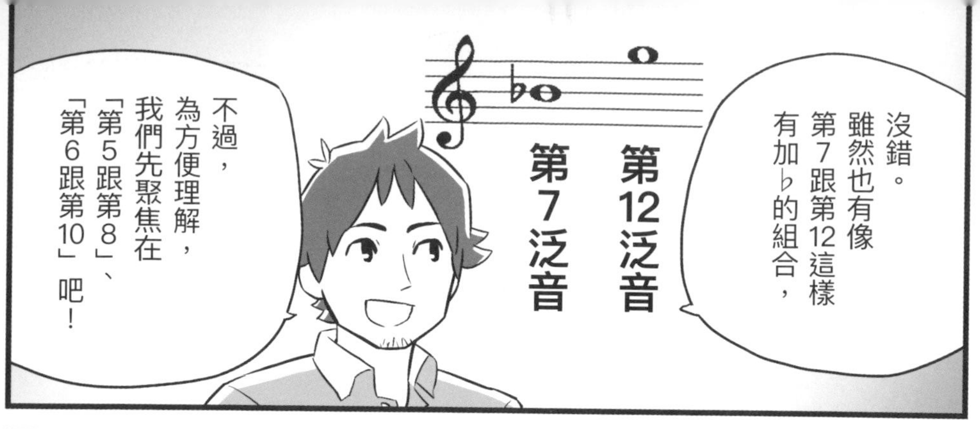

除了要橫跨幾個泛音之外，其他都跟之前講的一樣！

利用半音來計算個別的音程就會變成這樣！

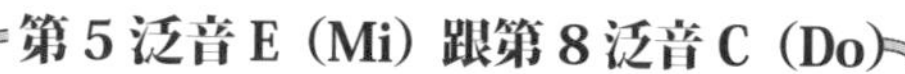

第5泛音E（Mi）跟第8泛音C（Do）

=

Mi → Fa → Fa ♯ → Sol → Sol ♯ → La → La ♯ → Si → Do

=

0.5 鍵 × 8=4 鍵

第6泛音G（Sol）跟第10泛音E（Mi）

=

Sol → Sol ♯ → La → La ♯ → Si → Do → Do ♯ → Re → Re ♯ → Mi

=

0.5 鍵 × 9 ＝ 4.5 鍵

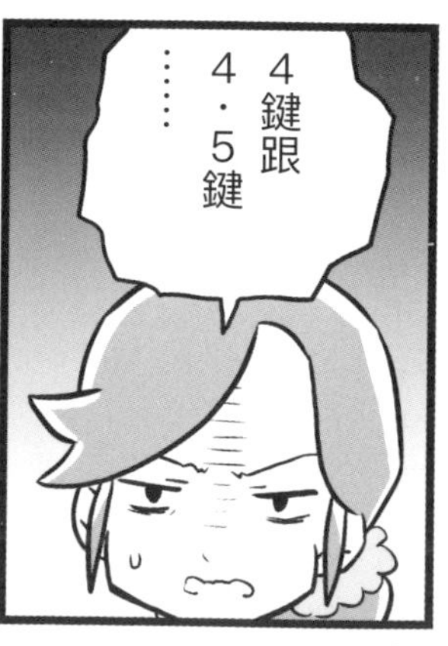

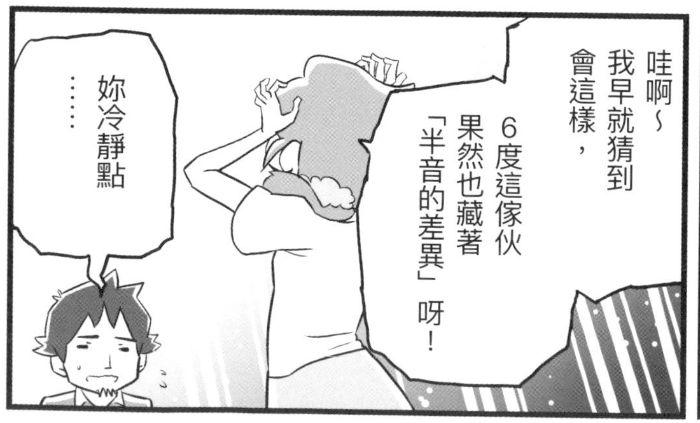

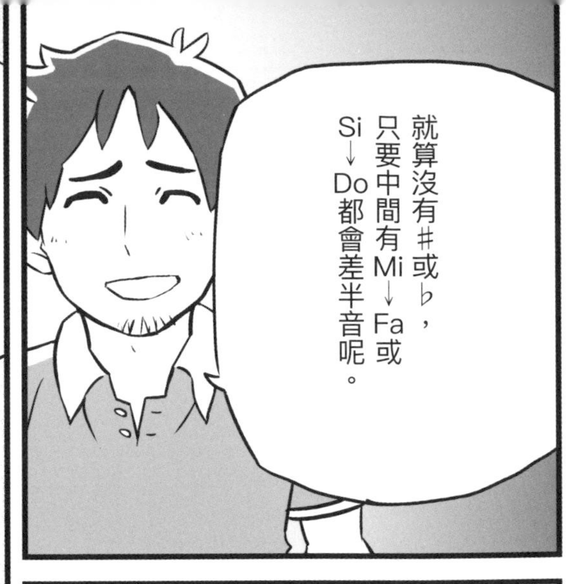
就算沒有♯或♭，
只要中間有Mi↓Fa或
Si↓Do都會差半音呢。

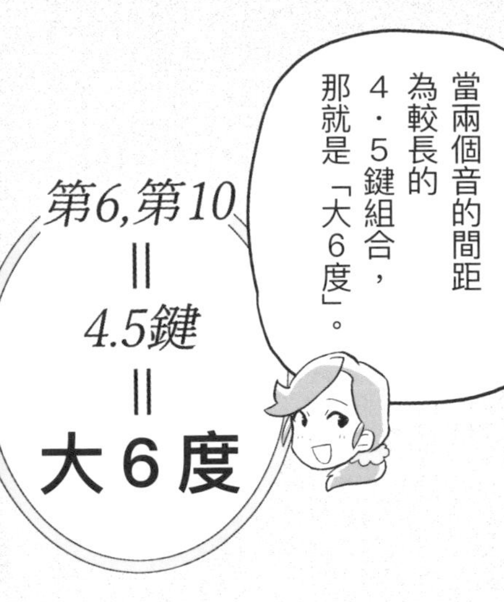
當兩個音的間距
為較長的
4・5鍵組合，
那就是「大6度」。
第6,第10
=
4.5鍵
=
大6度

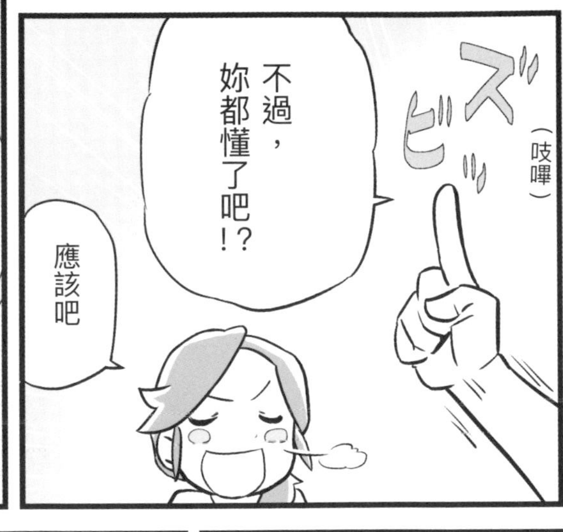
ズビッ
（吱嗶）
不過，
妳都懂了吧!?
應該吧

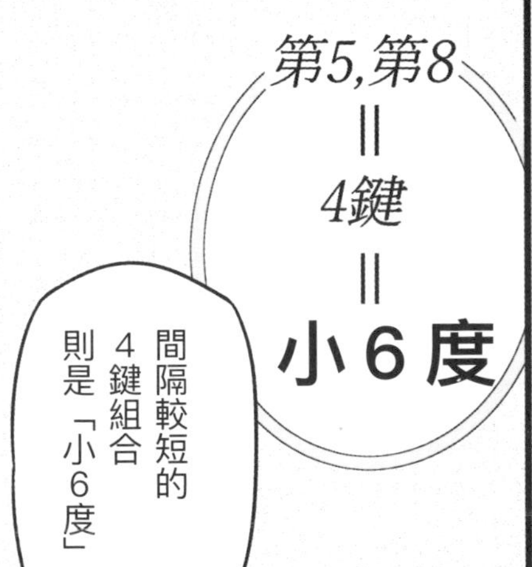
第5,第8
=
4鍵
=
小6度
間隔較短的
4鍵組合
則是「小6度」

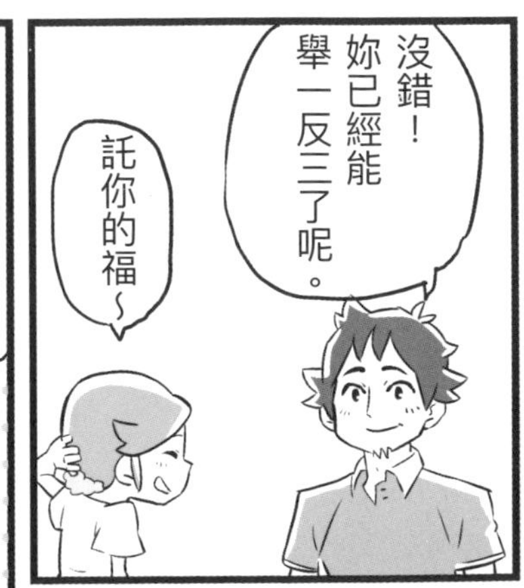
沒錯！
妳已經能
舉一反三了呢。
託你的福～

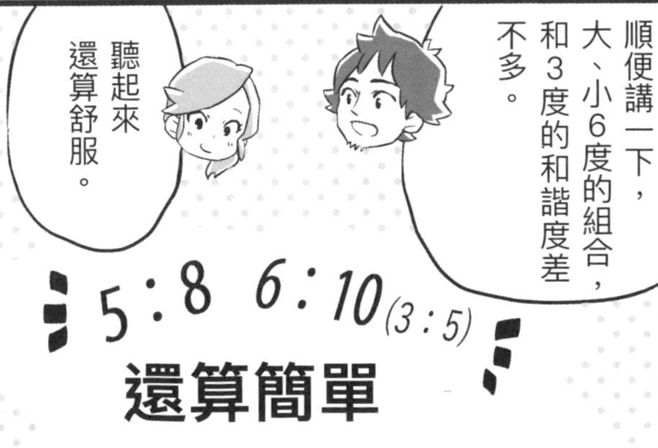
順便講一下，
大、小6度的組合，
和3度的和諧度差
不多。
聽起來
還算舒服。
5：8 6：10(3：5)
還算簡單

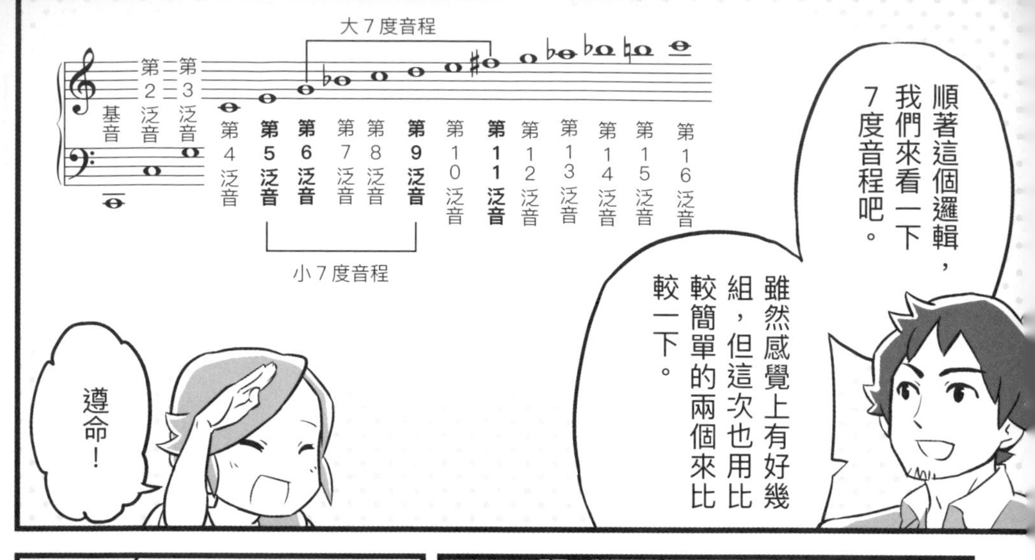

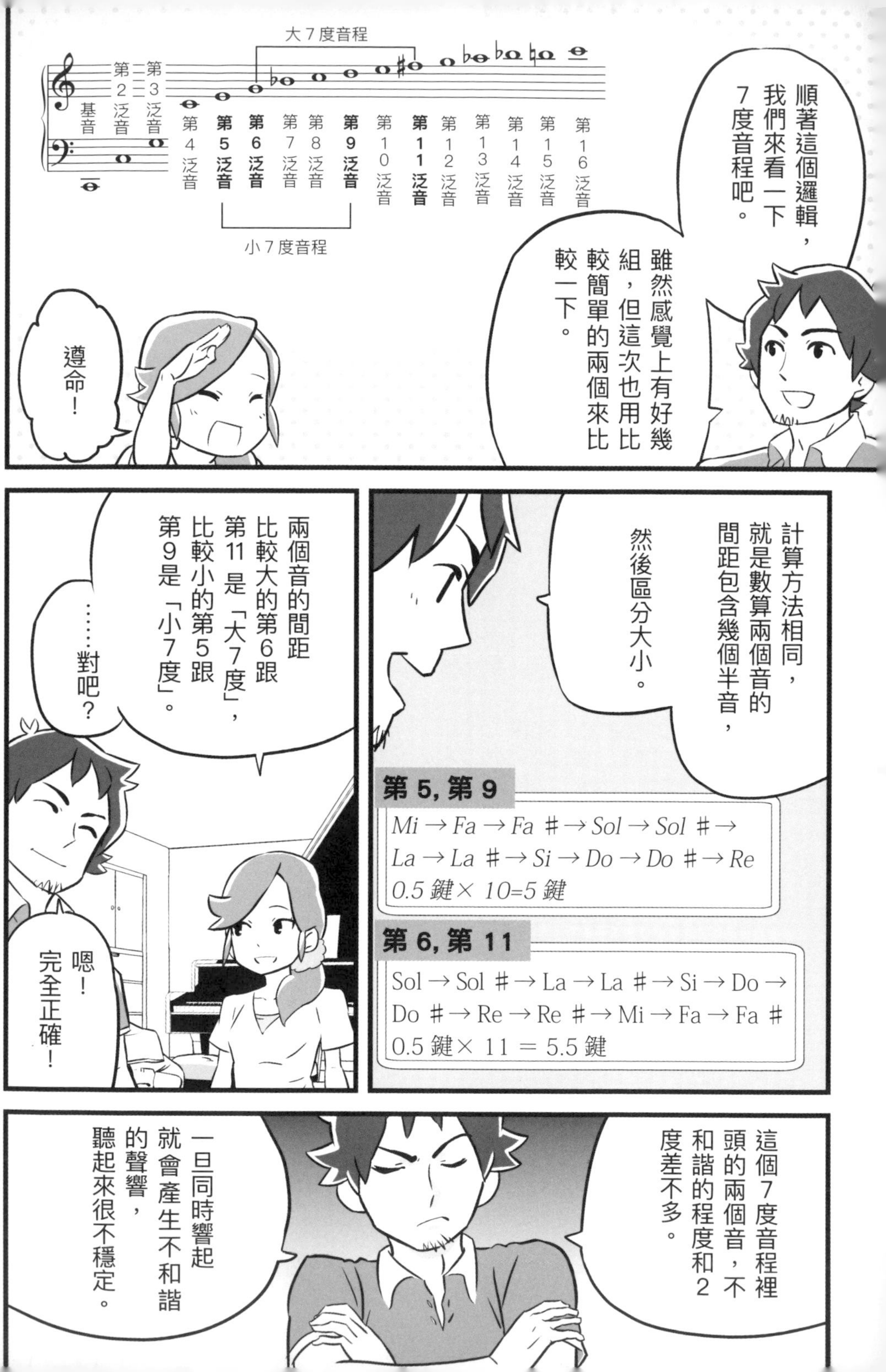

計算方法相同，就是數算兩個音的間距包含幾個半音，

然後區分大小。

第 5, 第 9

Mi → Fa → Fa ♯ → Sol → Sol ♯ → La → La ♯ → Si → Do → Do ♯ → Re
0.5 鍵 × 10=5 鍵

第 6, 第 11

Sol → Sol ♯ → La → La ♯ → Si → Do → Do ♯ → Re → Re ♯ → Mi → Fa → Fa ♯
0.5 鍵 × 11 ＝ 5.5 鍵

兩個音的間距比較大的第6跟第11是「大7度」，比較小的第5跟第9是「小7度」。

……對吧？

嗯！完全正確！

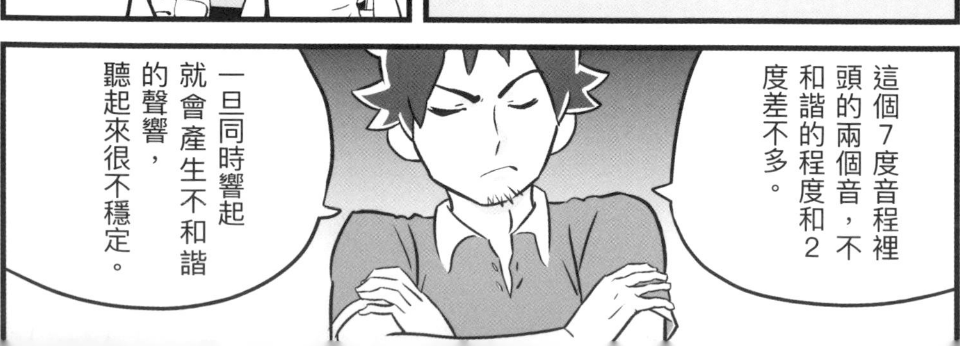

這個7度音程裡頭的兩個音，不和諧的程度和2度差不多。
一旦同時響起就會產生不和諧的聲響，聽起來很不穩定。

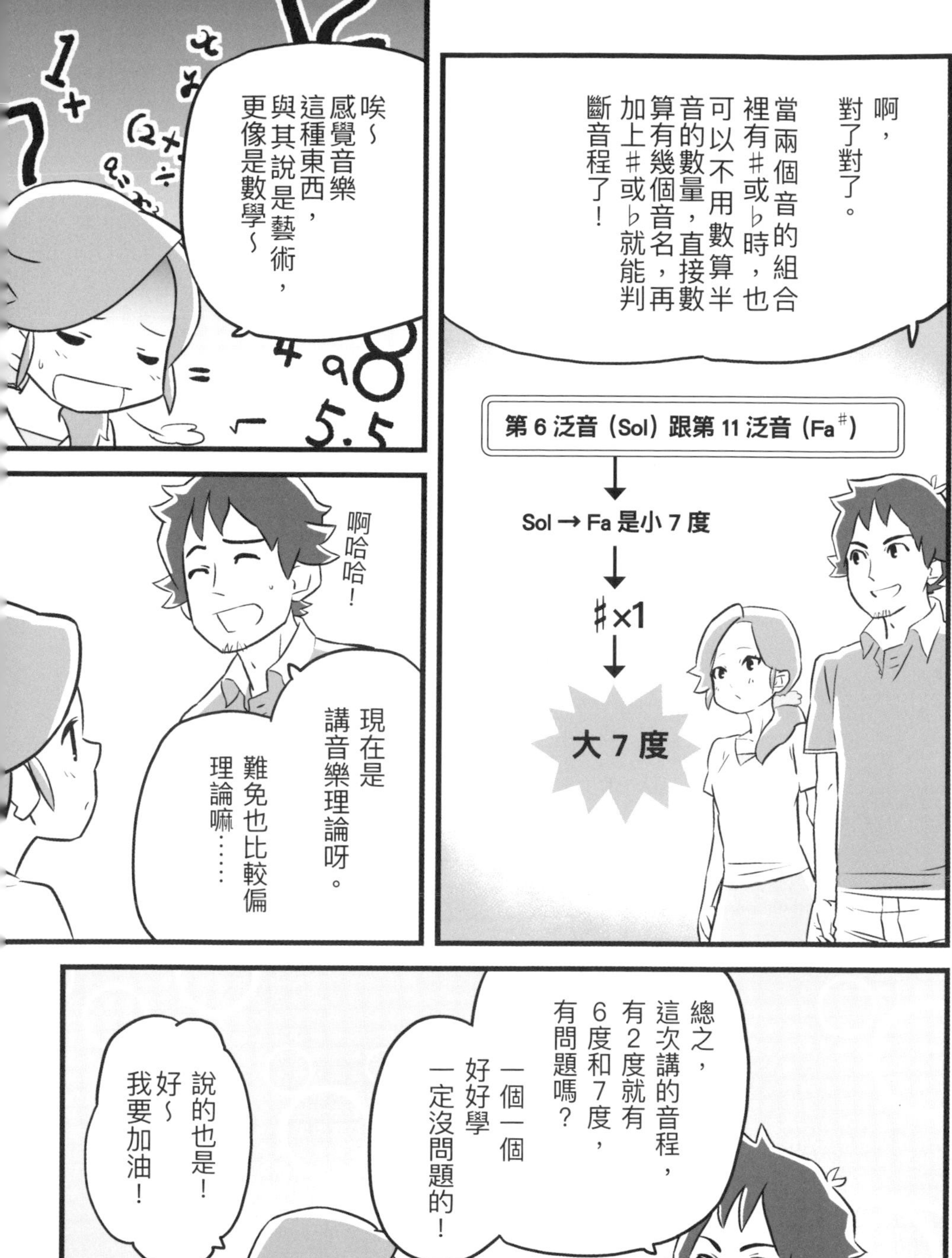

啊，對了對了。
當兩個音的組合裡有♯或♭時，也可以不用數算半音的數量，直接數算有幾個音名，再加上♯或♭就能判斷音程了！
第 6 泛音（Sol）跟第 11 泛音（Fa♯）
Sol → Fa 是小 7 度
♯×1
大 7 度
唉～感覺音樂這種東西，與其說是藝術，更像是數學～
啊哈哈！
現在是講音樂理論呀。
難免也比較偏理論嘛……
總之，這次講的音程，有2度就有6度和7度，有問題嗎？
一個一個好好學一定沒問題的！
說的也是！好～我要加油！

「有2度就有6度和7度？」篇

「2度」音程也有大小之分

截至目前為止，我們從基音到第7泛音的泛音列中，已經理解音程的和諧關係。也認識1度、8度、5度、4度及（大或小）3度音程。緊接著來看第7泛音和第8泛音之後的組合，又是幾度的音程呢。請各位一邊看**圖①**，一邊思考我接下來要說明的內容。此外，**圖②**是將第7泛音到第16泛音的泛音列標示在鍵盤上。

現在就來看第7泛音和第8泛音之間的音程。第7泛音是B♭（Si♭），第8泛音是C（Do）。數算半音的間隔，就是Si♭→Si→Do，0．5鍵×2＝1鍵（＝全音）。如同前面章節〈三明治的酸度會因內餡而改變篇〉所說，0．5鍵×3＝1．5鍵是小3度。這樣的話……？0．5鍵×2＝1鍵，也就是全音，所以是2度。請牢記起來！

現在我們已經知道，第7泛音到第11泛音中間全都是2度音程。

圖① 將C當做基音的泛音列

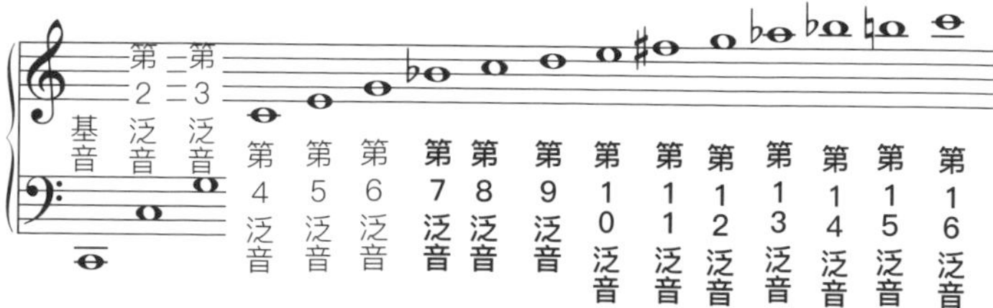

圖② 第7～第16泛音在鍵盤上的相對位置

第7泛音 第11泛音 第13泛音 第14泛音

B♭ F# A♭ B♭

B C D E G B C

第8泛音 第9泛音 第10泛音 第12泛音 第15泛音 第16泛音

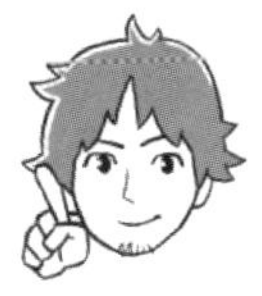

悅里，妳知道第8泛音之後的音程變怎麼樣嗎？

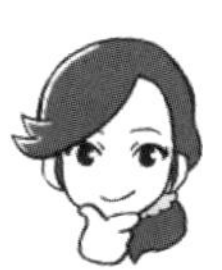

第8泛音和第9泛音是Do→Do♯→Re，0.5鍵×2=1鍵，所以是2度。第9泛音和第10泛音是Re→Re♯→Mi……所以也是2度。第10泛音跟第11泛音是Mi→Fa→Fa♯，還是2度。老師，2度出現三次，對吧？（認真思考的樣子）。

不過，接下來的第11泛音和第12泛音，會不太一樣。

第11泛音是$F^{\#}$（$Fa^{\#}$），而第12泛音是G（Sol），兩個音的間隔就是$Fa^{\#}$↓Sol，也就是0．5鍵×1＝0．5鍵。0．5鍵的話是半音。是不是覺得困惑了呢？這個音程該怎麼稱呼呢？如果稱它為1度，那就是同度，也就代表同一個音，而2度又是1鍵＝全音，所以是取中間值的1．5度？！當然不是，音樂中不存在這種講法。不過，我們可以再次運用3度時曾出現過的大小之分來找答案。快速來複習一下前面的內容，「0．5鍵×4＝2鍵的3度是大3度」、及「0．5鍵×3＝1．5鍵的3度是小3度」。換句話說，就是「大3度的間隔再少半音，就是小3度」、及「小3度的間隔再多半音，就是大3度」。

在這個基礎上，我們可以把共通的規則寫成「大音程的間隔少了半音，就是小音程」、「小音程的間隔多了半音，就是大音程」。這樣一來，因為0．5鍵（半音）是1鍵＝全音（2度音程）少了半音的音程，所以稱為「小2度」。由此可知，第7至第11泛音為止的2度音程（全音），正確來說應該稱為「大2度」。順帶一提，大2度和小2度的音程聽覺上會相互干擾，和諧度不佳。

圖 第7～第11泛音的音程及第11～第16泛音的音程

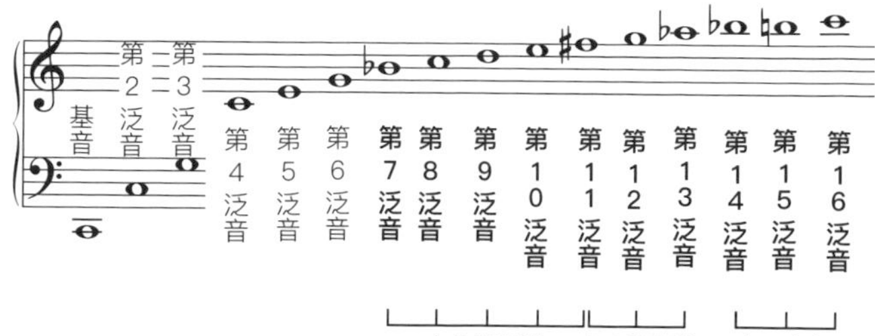

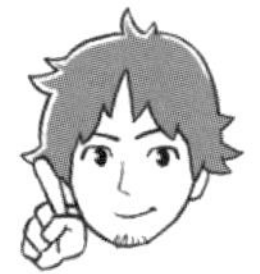

現在我們已經理解2度也有大小的區別。先稍微整理一下剛才說明的內容吧。

好。大2度有第7泛音和第8泛音、第8泛音和第9泛音、第9泛音和第10泛音、第10泛音和第11泛音。從第7到第11連續都是大2度。

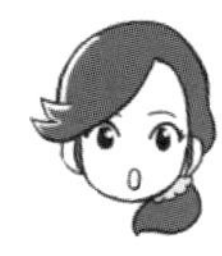

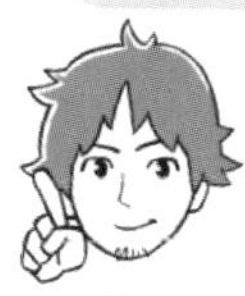

沒錯，很好記吧。那小2度呢？

小2度有第11泛音和第12泛音、第12泛音和第13泛音、第14泛音和第15泛音、第15泛音和第16泛音。這些組合聽起來並不和諧，所以我用「小2度，從大年初一（1月1日 =11）吵到十五還不夠，十六也要打得你死我活，把石山石寺（13、14）都砸爛」來加強記憶！

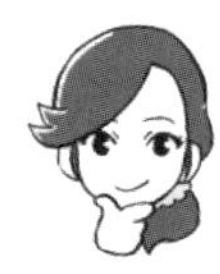

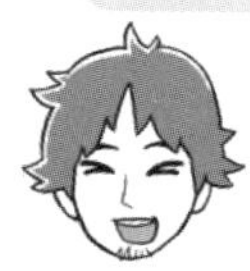

啊哈哈哈哈……（悅里，這個聽起來一點也不好記耶）。

♪「6度」和「7度」音程也有大小之分

到目前為止，我們已經看過1度、8度、5度、4度、（大・小）3度以及（大・小）2度音程。從音程來看，1度到8度是一組，剩下的就是6度和7度。

首先是6度。將泛音列上的音符重新組合後，相隔六個音名的有……第5泛音的E（Mi）和第8泛音的C（Do），中間經過Mi、Fa、Sol、La、Si、Do這六個音。除此之外，還有第6泛音的G（Sol）和第10泛音的E（Mi）、以及第7泛音的B♭（Si♭）和第12泛音的G（Sol）這種，與有降記號的音之間呈現6度的組合。我們先從兩個音都沒有降記號也沒有升記號的音程開始說起。

以半音為單位數算第5泛音E（Mi）和第8泛音C（Do）的音程的話，依序是Mi↓Fa↓Fa♯↓Sol↓Sol♯↓La↓La♯↓Si↓Do，所以是0．5鍵×8＝4鍵。此外，6泛音G（Sol）和第10泛音E（Mi）之間的音程，依序是Sol↓Sol♯↓La↓La♯↓Si↓Do↓Do♯↓Re↓Re♯↓Mi，則是0．5鍵×9＝4．5鍵，如果數算音名會發現同樣是6度，實則差了半音。換句話說，間距較大、有4．5鍵的6度是「大6度」，而間距較小、有4鍵的6度則是「小6度」，以此區隔大小6度。6度音程無論大或小，和諧度都不錯，與3度音程差不多。

第5～第8泛音等的音程及第6～第10泛音的音程

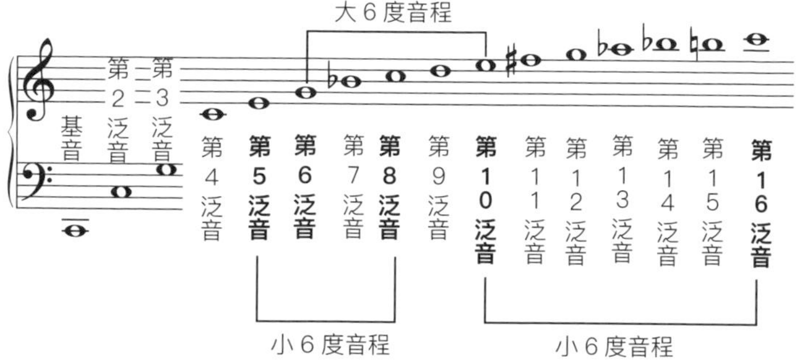

大6度有兩音頻率比為3：5的音程，例如第3和第5泛音、第6和第10泛音、第9和第15泛音。還有頻率比為7：12的音程，例如第7和第12泛音。
小6度則有頻率比為5：8的音程，例如第5和第8泛音、第10和第16泛音。此外，也有頻率比為9：14的音程，例如第9和第14泛音。

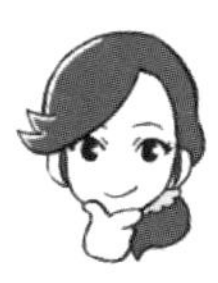

6度的兩音聲響聽起來相當和諧。

接著，我們來看7度。在泛音列上的音符中，找出兩個音之間的音名數是七個的組合，就會發現沒有升降記號、相對單純的是，第5泛音的E（Mi）和第9泛音的D（Re）這一組，依序會經過Mi、Fa、Sol、La、Si、Do、Re共七個音。再者，乍看之下雖不容易察覺，但第6泛音的G（Sol）和第11泛音的F♯（Fa♯）這組，也是經過七個音。除此之外還有其他的組合，但我們先就這裡舉出的兩個音程，以半音來數算它們的間隔。

第5泛音E（Mi）和第9泛音D（Re）之間，會經過Mi→Fa→Fa♯→Sol→Sol♯→La→La♯→Si→Do→Do♯→Re，所以是0．5鍵×10＝5鍵。而第6泛音G（Sol）和第11泛音F♯（Fa♯）之間，則會經過Sol→Sol♯→La→La♯→Si→Do→Do♯→Re→Re♯→Mi→Fa→Fa♯，因此是0．5鍵×11＝5．5鍵。也就是說，間距較大的是「大7度」，較小的是「小7度」。7度的大小音程和2度一樣，和諧度都不是很好。

大音程的英文是Major，而小音程是Minor。舉2度音程為例，大2度是「Major Second」，小2度是「Minor Second」；換成6度音程的話，大6度是「Major Sixth」，小6度是「Minor Sixth」。這裡要留意千萬不要和名稱相似的和弦名（例如Minor Sixth或Major Seventh）搞混了。

第5～第9泛音等的音程及第6～第11泛音的音程

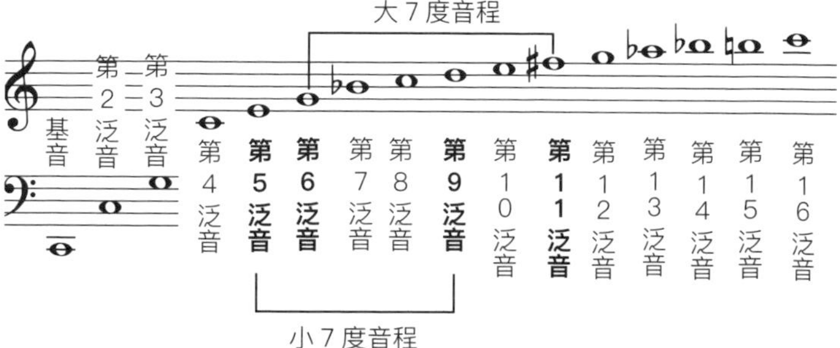

大7度出現在第6泛音和第11泛音、第8泛音和第15泛音。頻率比則與泛音級數相同，分別是6：11和8：15。
小7度則出現在第4泛音和第7泛音、第8泛音和第14泛音，兩個音之間的頻率比為4：7。除此之外，也出現在第5泛音和第9泛音、第7泛音和第13泛音、及第9泛音和第16泛音，頻率比分別為5：9、7：13及9：16。

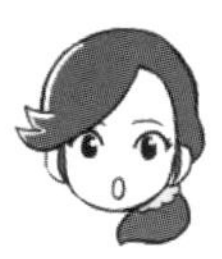

7度的聲響有不穩定的感覺，給人一種不和諧感。

CHAPTER2 「令人在意增減的只有體重？」篇

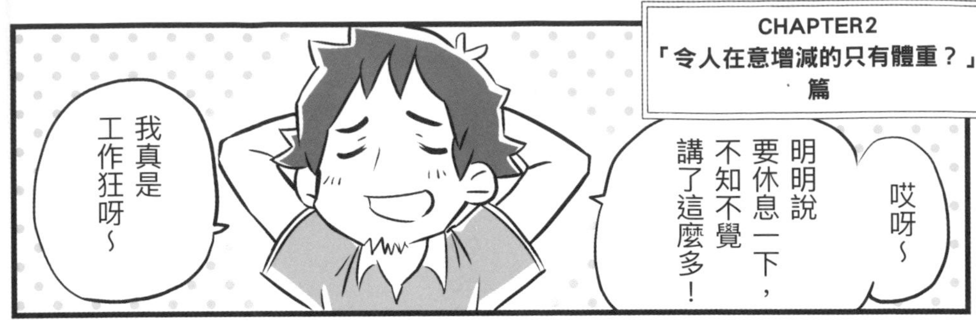

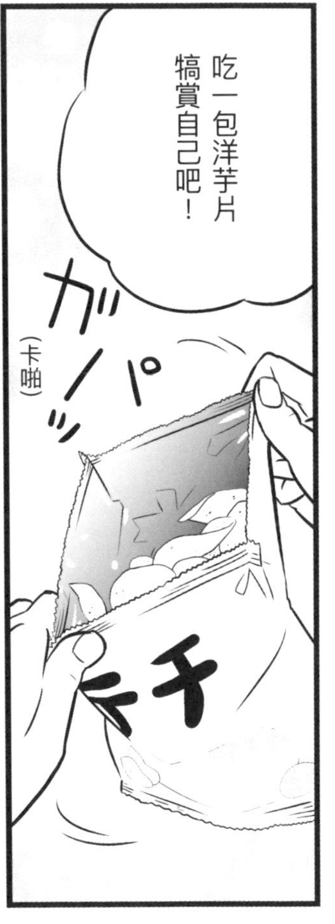

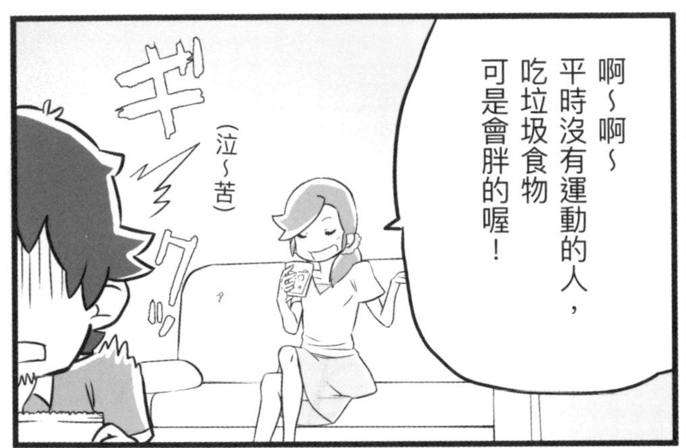

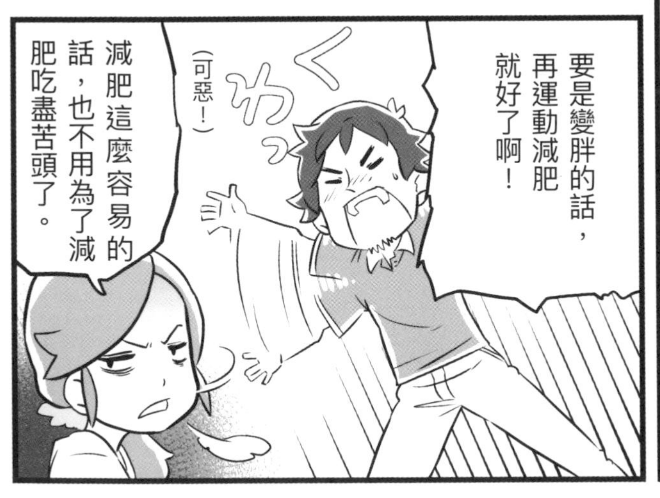

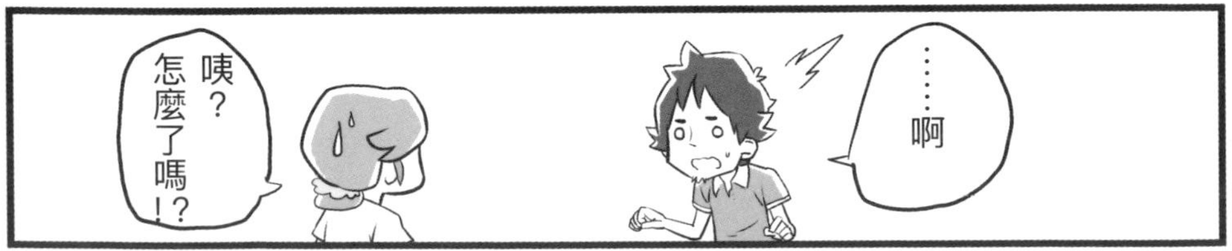

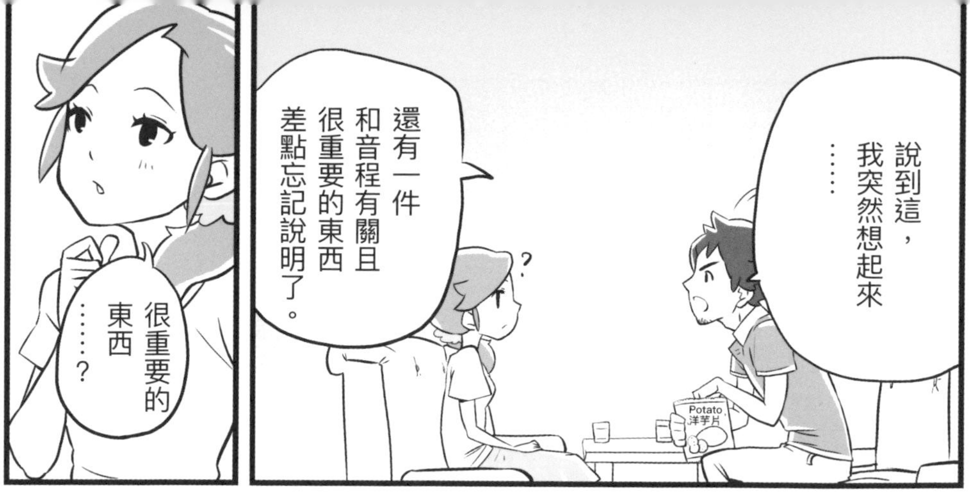

說到這，我突然想起來……
還有一件和音程有關且很重要的東西差點忘記說明了。
？
Potato 洋芋片
很重要的東西……？

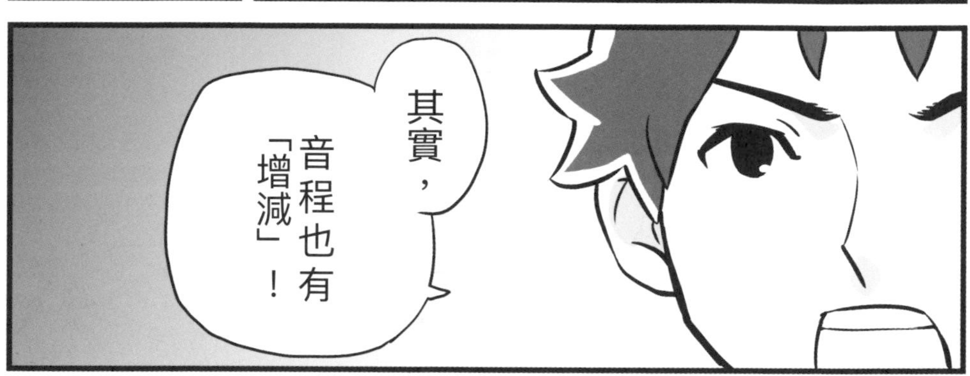

其實，音程也有「增減」！

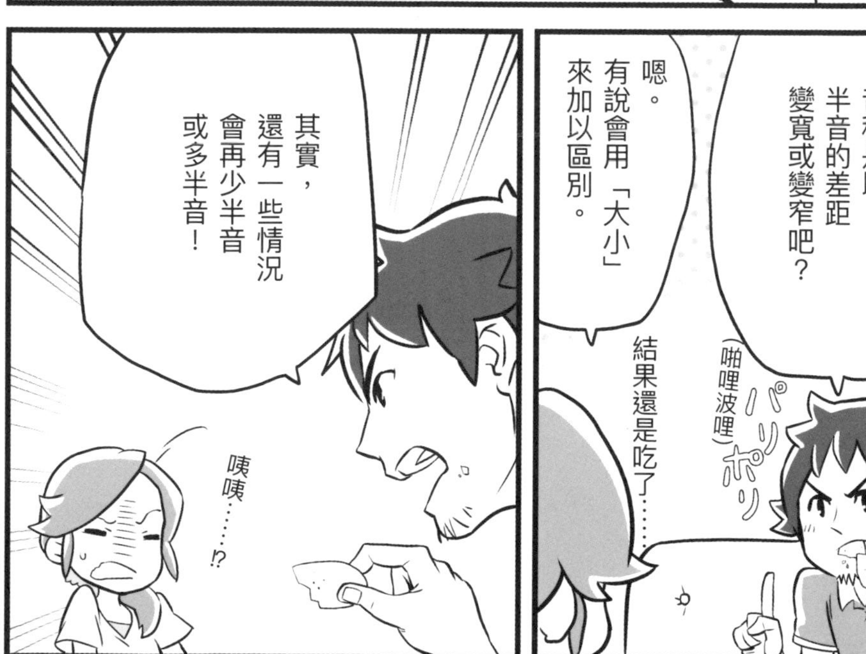

前面說過，音程是以半音的差距變寬或變窄吧？
嗯。有說會用「大小」來加以區別。
パリポリ
（啪哩波哩）
結果還是吃了……
其實，還有一些情況會再少半音或多半音！
咦咦……!?

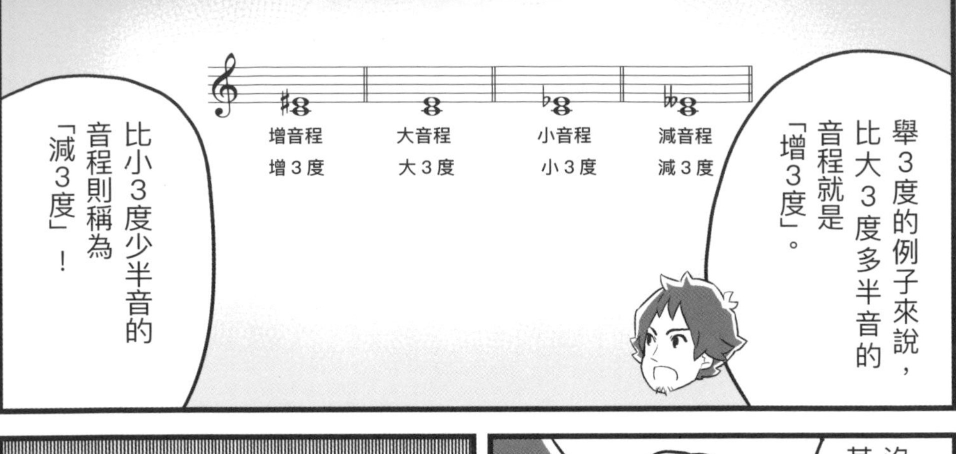
舉3度的例子來說，
比大3度多半音的
音程就是
「增3度」。
增音程
增3度
大音程
大3度
小音程
小3度
減音程
減3度
比小3度少半音的
音程則稱為
「減3度」！

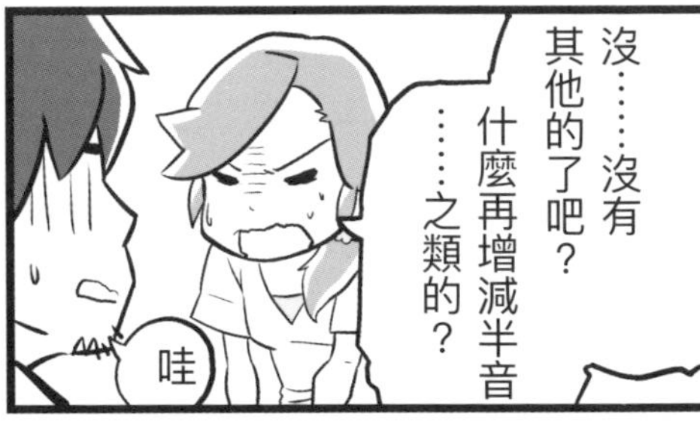
沒……沒有
其他的了吧？
什麼再增減半音
……之類的？
哇

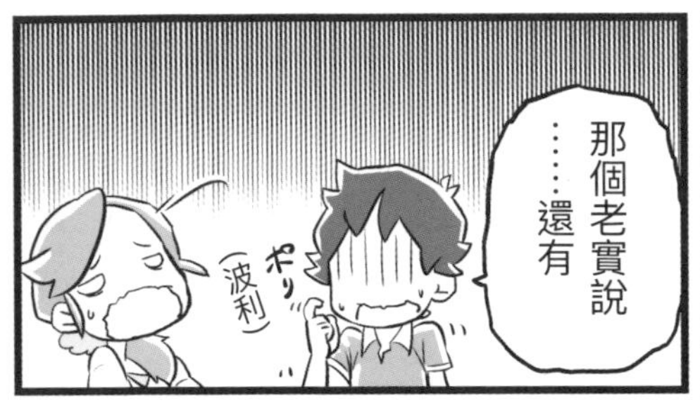
那個老實說
……還有
ポリ
（波利）

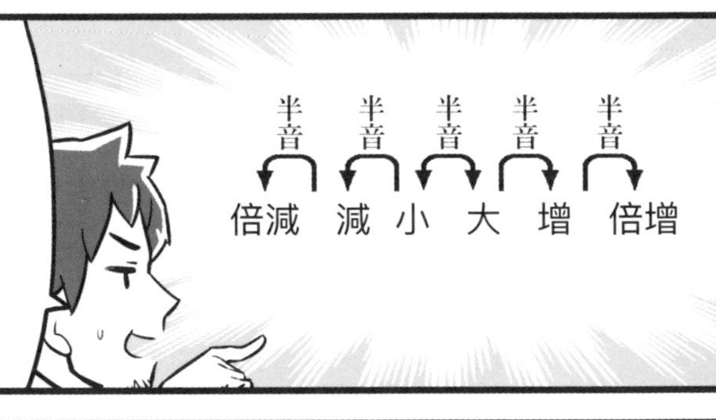
比增3度多半音，
就是「倍增3度」
而比減3度少半
音，就變成「倍
減3度」。
半音
半音
半音
半音
半音
倍減
減
小
大
增
倍增

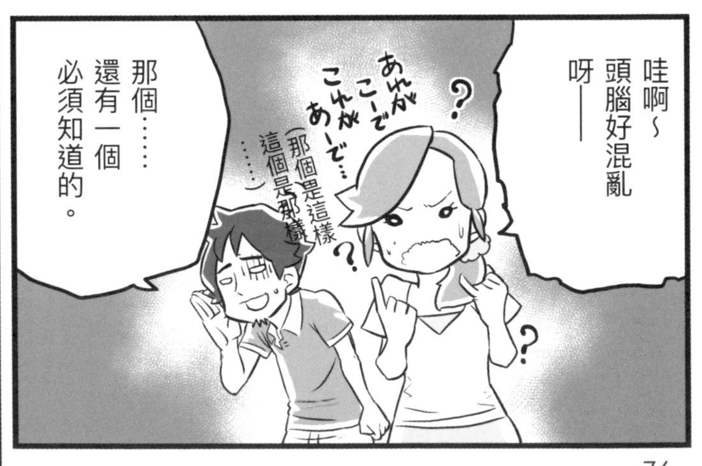
哇啊～
頭腦好混亂
呀——
あれがこーで
これがあーで…
（那個是這樣
這個是那樣
……）
那個……
還有一個
必須知道的。

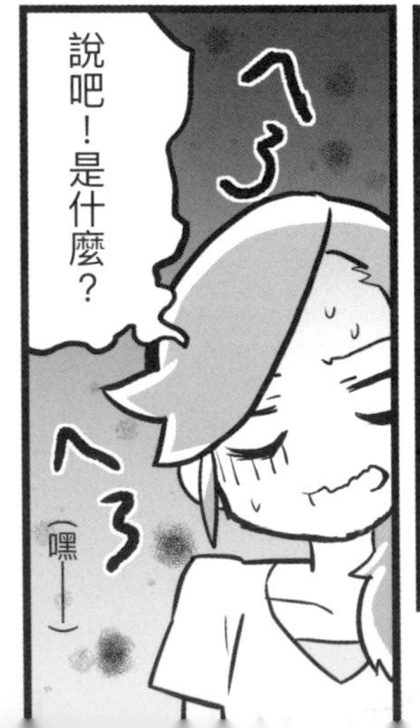
說吧！是什麼？
（嘿——）

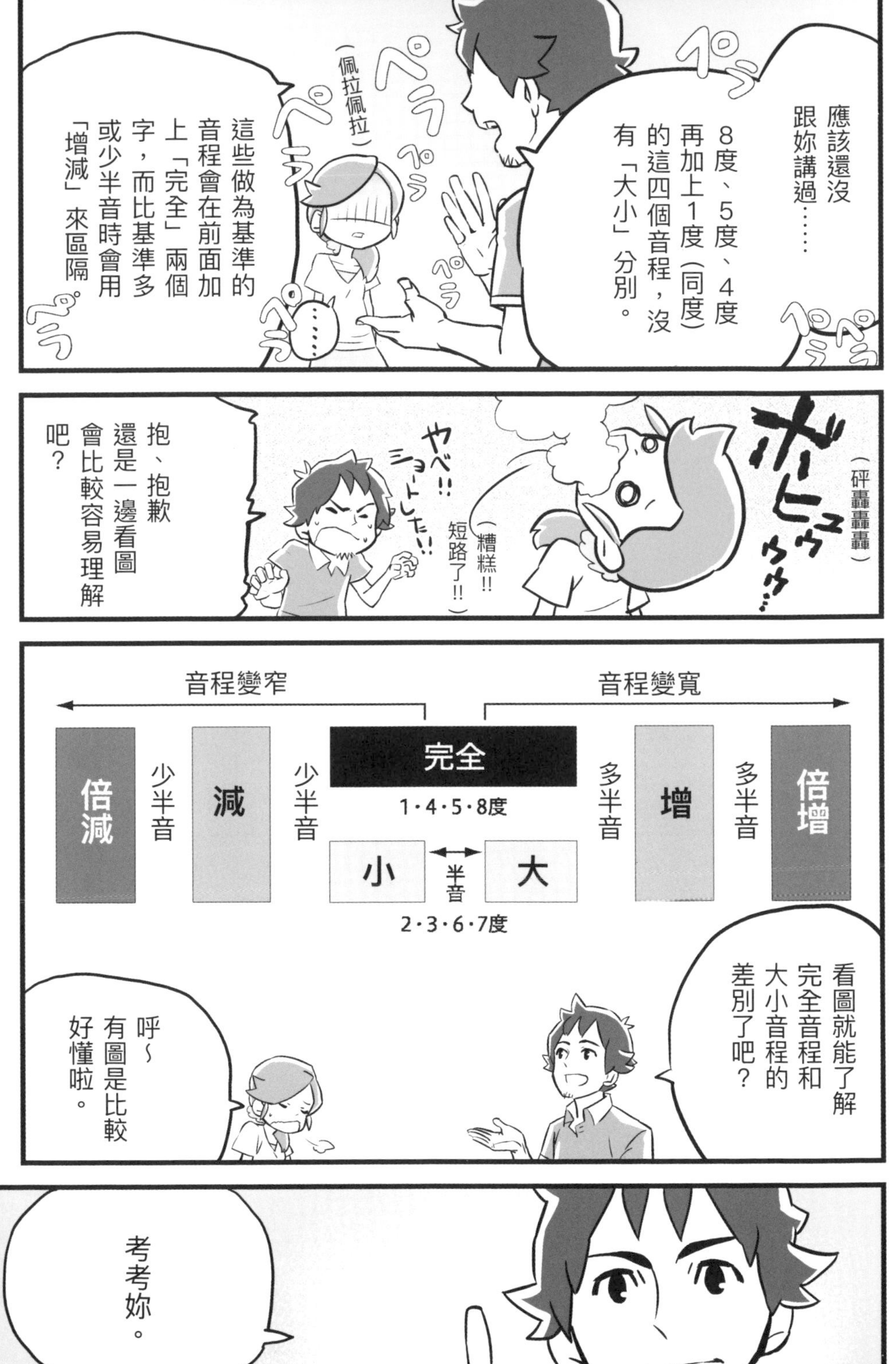

應該還沒跟妳講過……
8度、5度、4度再加上1度(同度)的這四個音程，沒有「大小」分別。
ペラ
ペラ
（佩拉佩拉）
這些做為基準的音程會在前面加上「完全」兩個字，而比基準多或少半音時會用「增減」來區隔。
ペラ
……
ボヒュウウウ…
（砰轟轟轟）
ヤベ!! ショートした!!
（糟糕!! 短路了!!）
抱、抱歉
還是一邊看圖會比較容易理解吧？
音程變窄
音程變寬
倍減
少半音
減
少半音
完全
1・4・5・8度
小
半音
大
2・3・6・7度
多半音
增
多半音
倍增
看圖就能了解完全音程和大小音程的差別了吧？
呼～有圖是比較好懂啦。
考考妳。

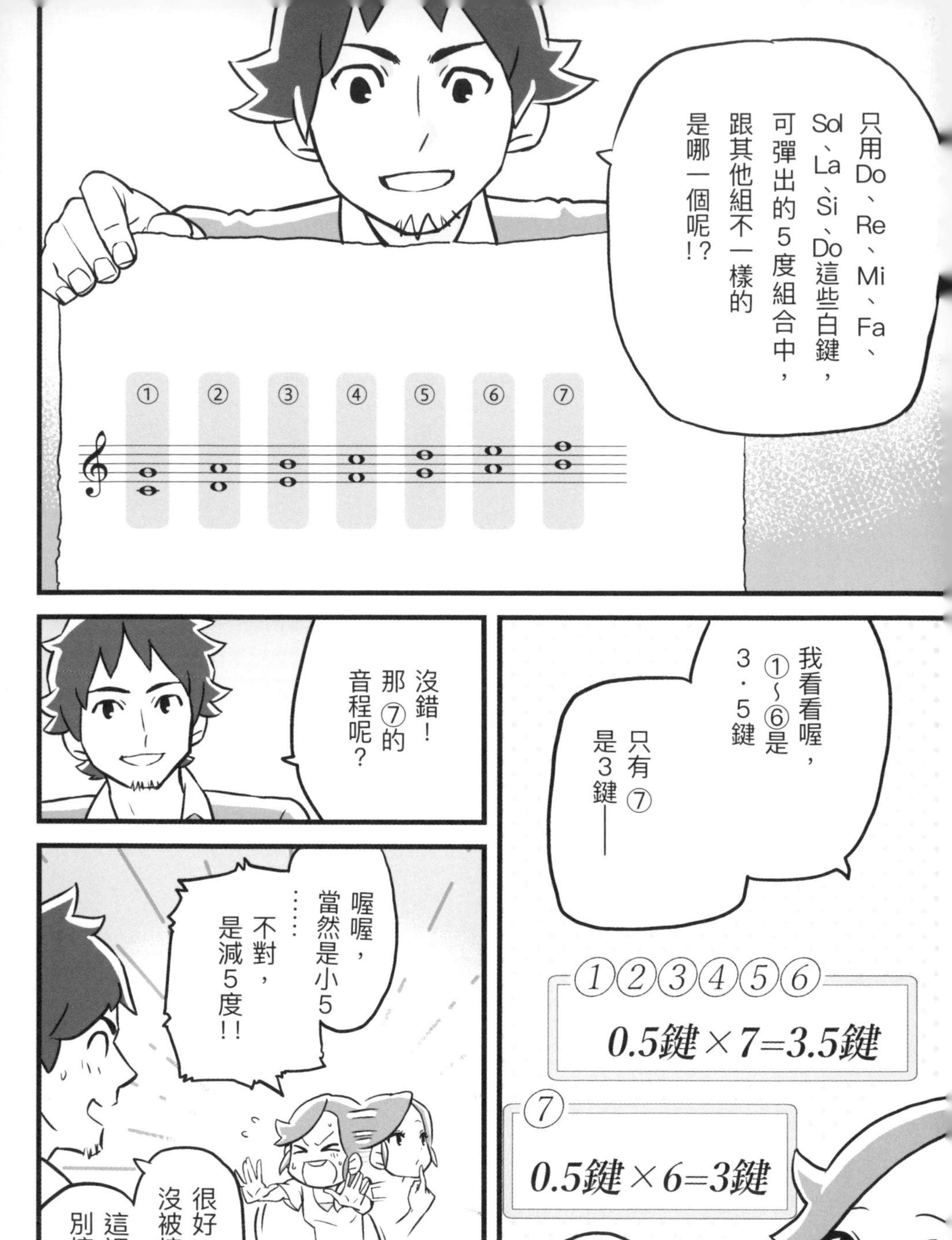

只用Do、Re、Mi、Fa、Sol、La、Si、Do這些白鍵，可彈出的5度組合中，跟其他組不一樣的是哪一個呢!?
①
②
③
④
⑤
⑥
⑦
我看看喔，①～⑥是3．5鍵
只有⑦是3鍵——
①②③④⑤⑥
0.5鍵×7=3.5鍵
⑦
0.5鍵×6=3鍵
答案是⑦！
沒錯！那⑦的音程呢？
喔喔，當然是小5……不對，是減5度!!
很好！沒被搞混喔！
這裡要留意別搞錯喔！

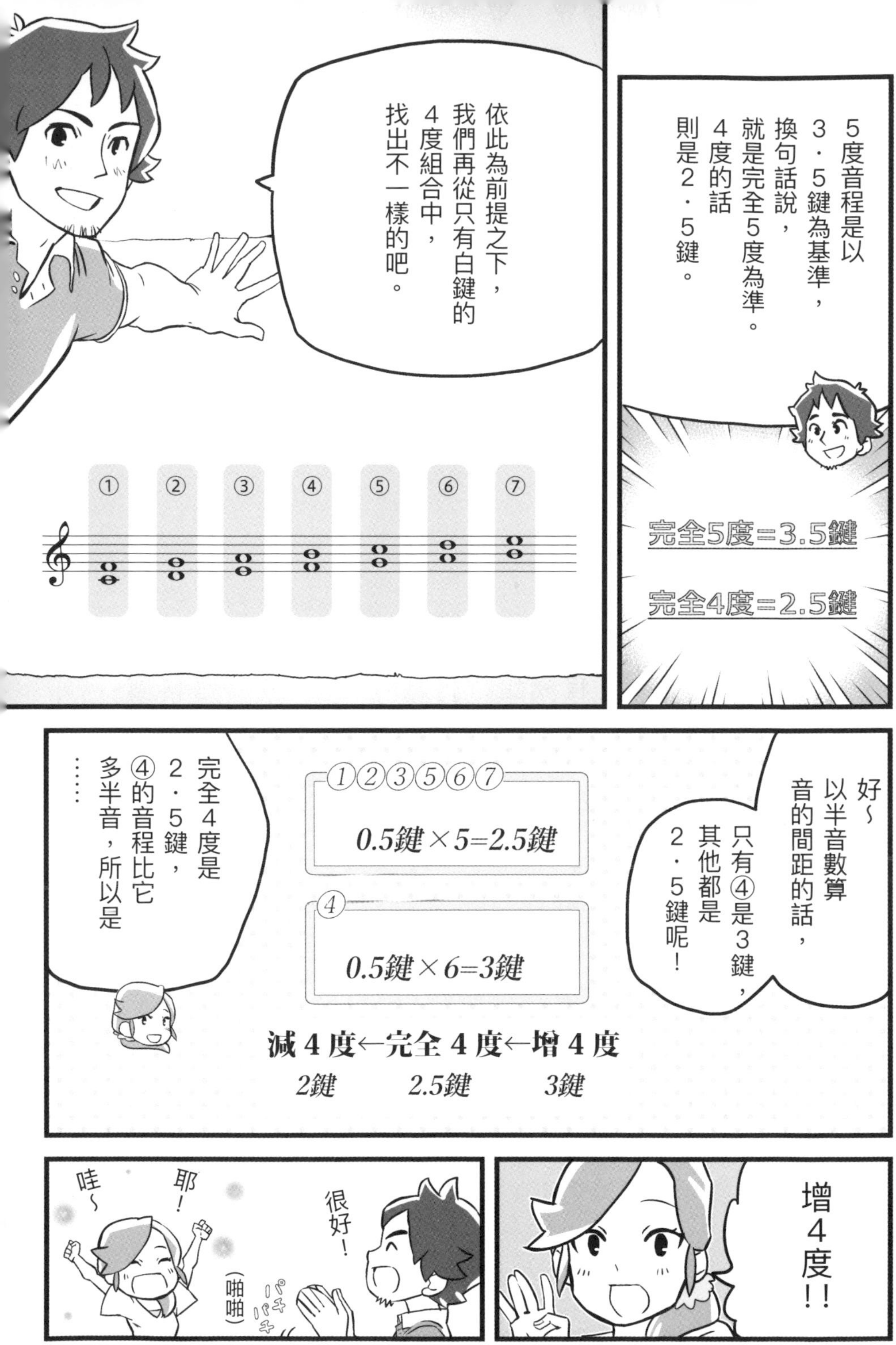

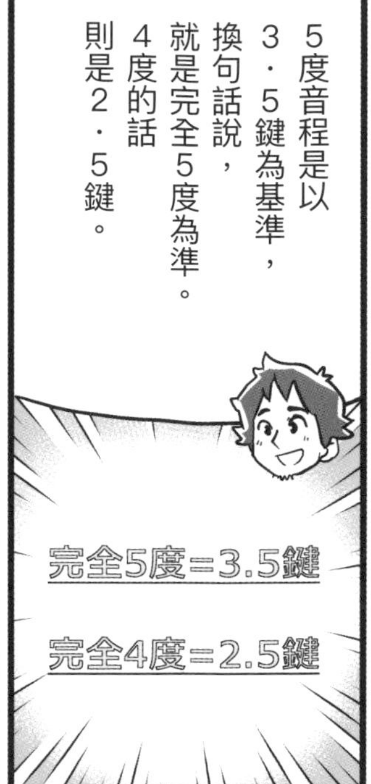

5度音程是以3・5鍵為基準，換句話說，就是完全5度為準。4度的話則是2・5鍵。
完全5度=3.5鍵
完全4度=2.5鍵

依此為前提之下，我們再從只有白鍵的4度組合中，找出不一樣的吧。

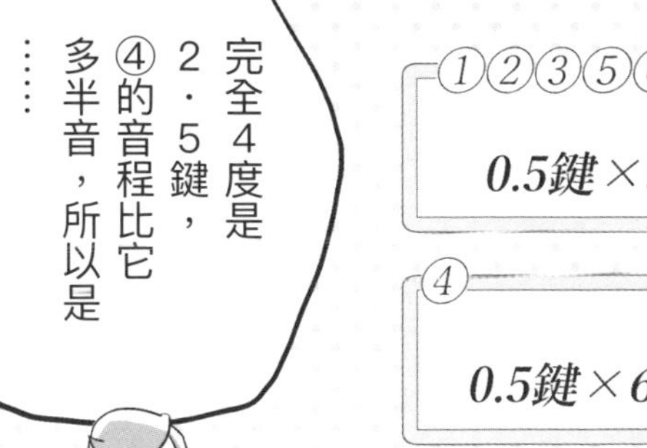

好～以半音數算音的間距的話，只有④是3鍵，其他都是2・5鍵呢！

①②③⑤⑥⑦

0.5鍵×5=2.5鍵

④

0.5鍵×6=3鍵

減4度←完全4度←增4度

2鍵　2.5鍵　3鍵

完全4度是2・5鍵，④的音程比它多半音，所以是……

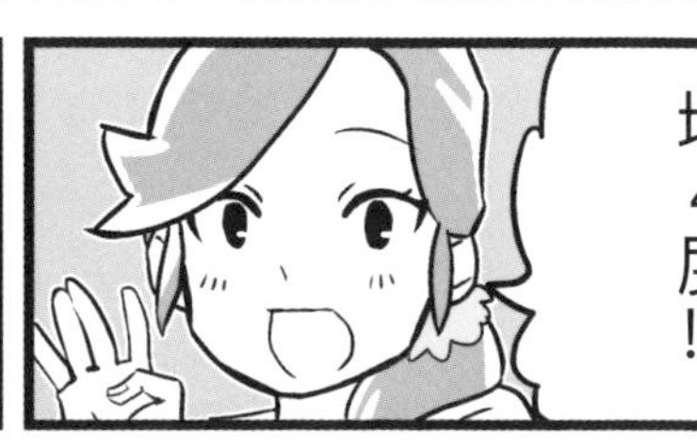

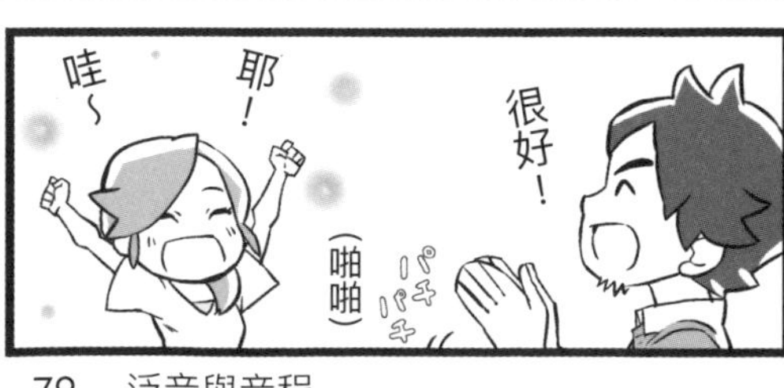

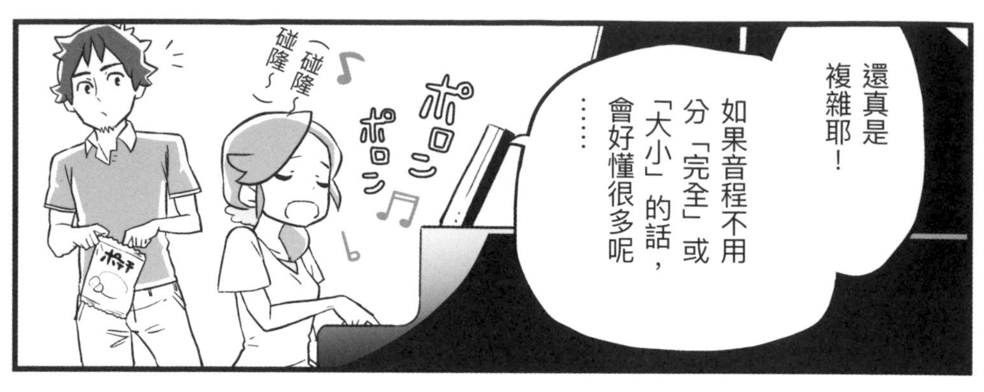
還真是複雜耶！
如果音程不用分「完全」或「大小」的話，會好懂很多呢……
ポロン
ポロン
（碰隆碰隆～）
ポテチ

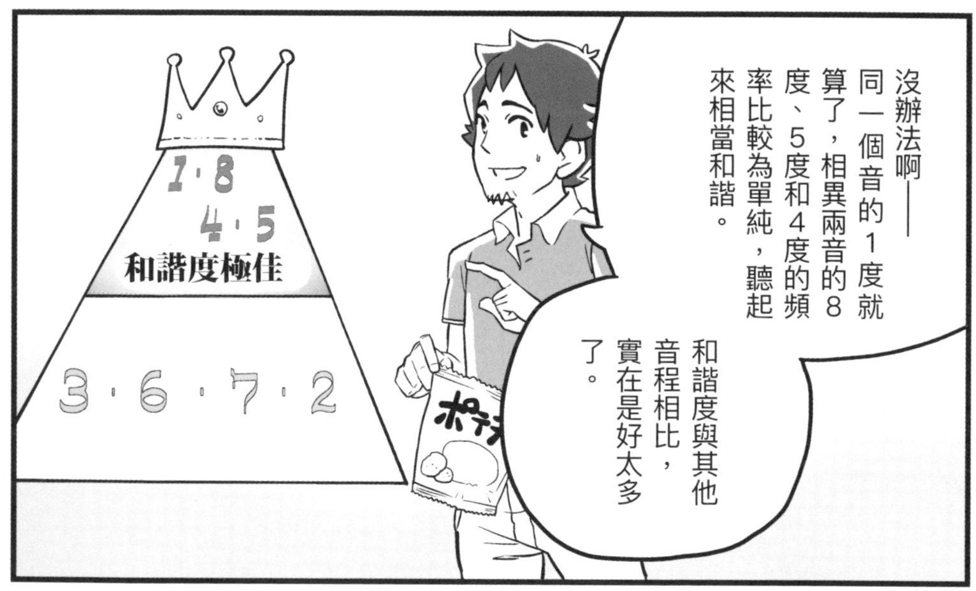
沒辦法啊──同一個音的1度就算了，相異兩音的8度、5度和4度的頻率比較為單純，聽起來相當和諧。
和諧度與其他音程相比，實在是好太多了。
1·8
4·5
和諧度極佳
3·6·7·2
ポテチ

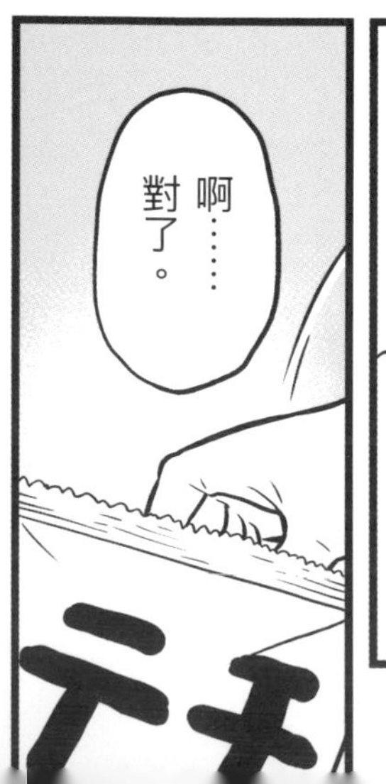
啊……對了。
テチ

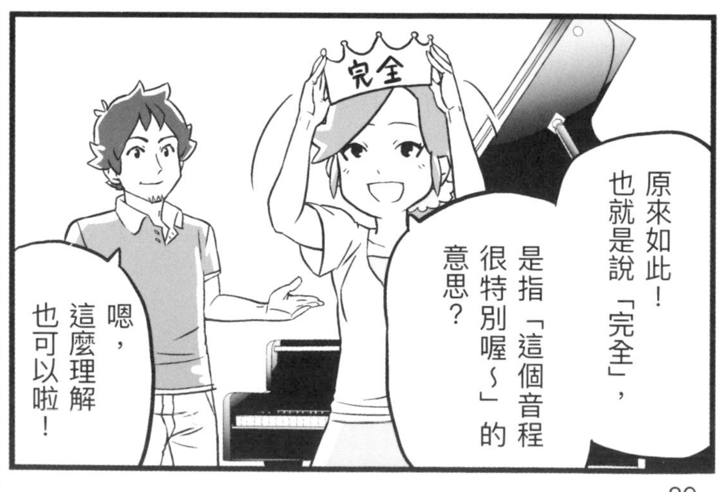
原來如此！也就是說「完全」，是指「這個音程很特別喔～」的意思？
嗯，這麼理解也可以啦！
完全

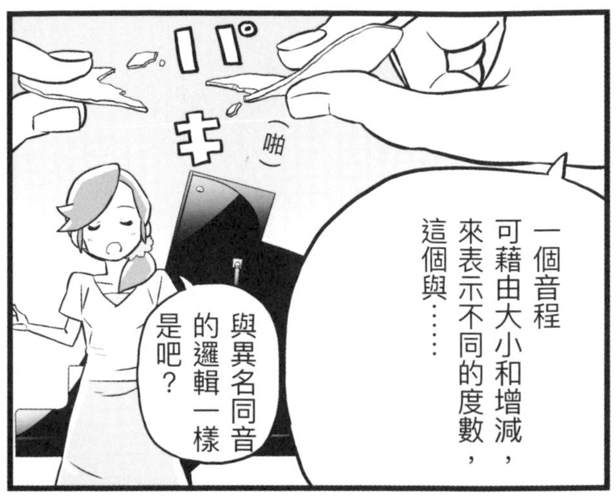
パキ
啪
一個音程
可藉由大小和增減，
來表示不同的度數，
這個與……
與異名同音
的邏輯一樣
是吧？

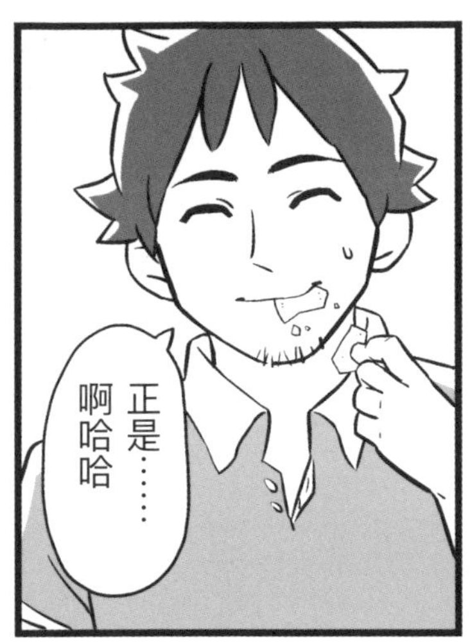
正是……
啊哈哈

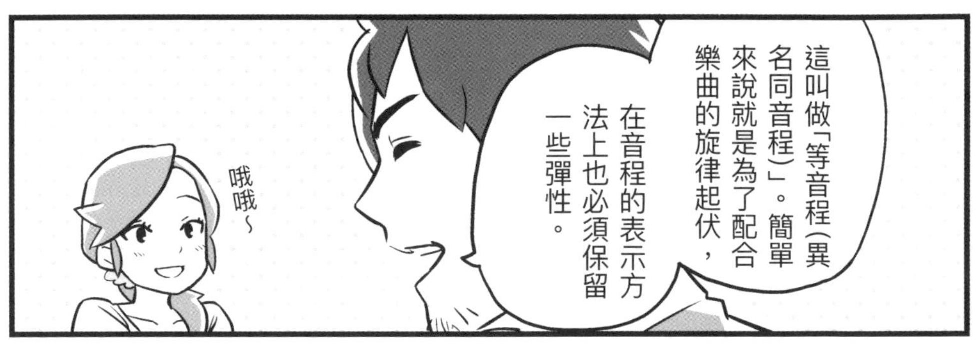
這叫做「等音程（異名同音程）」。簡單來說就是為了配合樂曲的旋律起伏，
在音程的表示方法上也必須保留一些彈性。
哦哦～

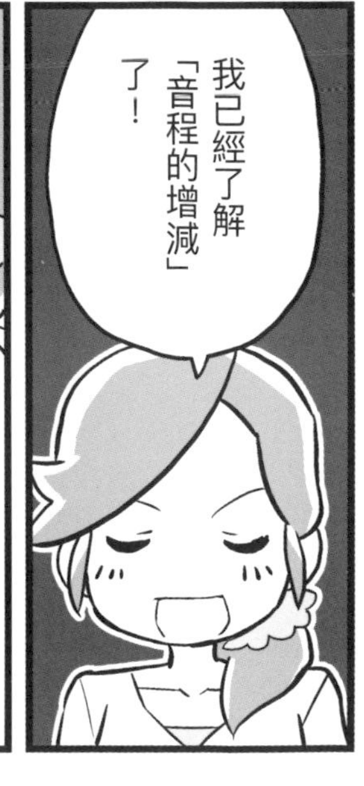
我已經了解「音程的增減」了！

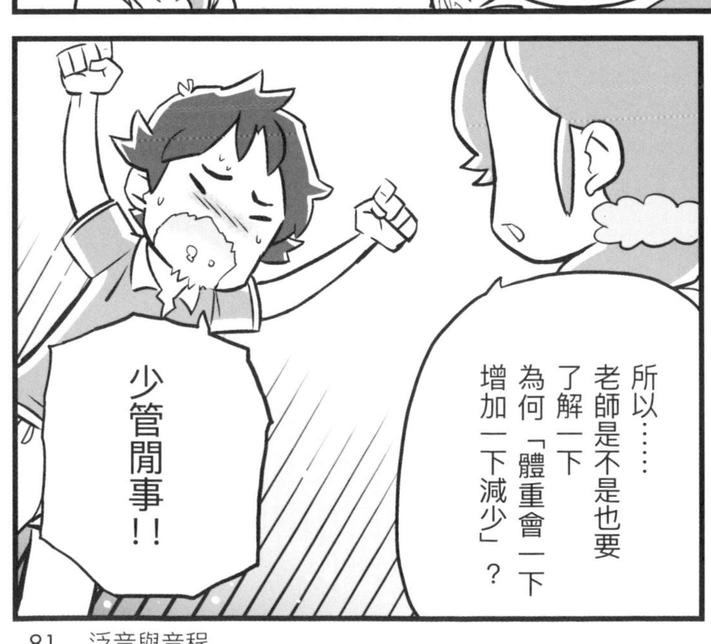
所以……老師是不是也要了解一下為何「體重會一下增加一下減少」？
少管閒事!!

Chapter 2

「令人在意增減的只有體重？」篇

聲響完美融合的象徵「完全協和音程」

現在，我們已經透過泛音列一一檢視音程的和諧度了。基音↓第2泛音的8度，第2↓第3泛音的5度，第3↓第4泛音的4度，第4↓第5泛音的大3度，第5↓第6泛音的小3度，第7↓第8泛音的大2度，第11↓第12泛音的小2度……泛音的級數離基音愈遠，音程也愈狹窄。

當中，8度、5度及4度音程的頻率比十分單純，分別為1：2、2：3、3：4。正如之前說過，這些音程的聲響與其他音程截然不同。因此，這三個音程的度數前面加了「完全」兩字來凸顯它們的特殊性，也就是完全8度、完全5度及完全4度。除了這三個之外，還有完全1度，就是頻率比為1：1的音程——1度（同度）。這四個就稱為「完全協和音程」。

圖 以C(Do)做為基準時的四種完全協和音程

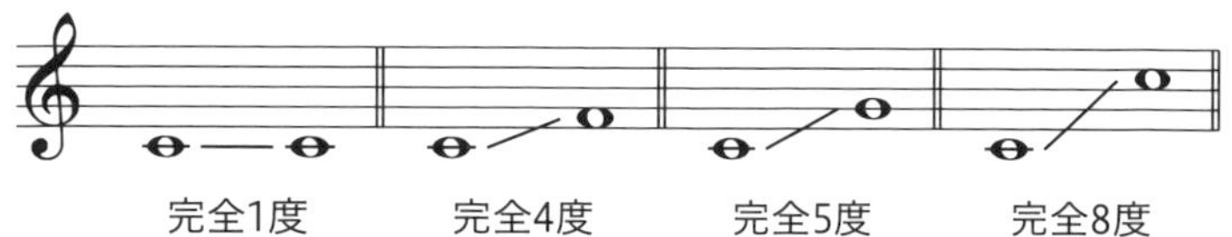

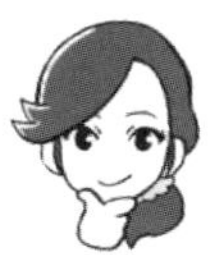

完全協和音程顧名思義就是聲響完美融合。這四個音程如果用撲克牌來比喻的話，就是A到J這幾張最強的牌。音程界的四天王。真酷！！

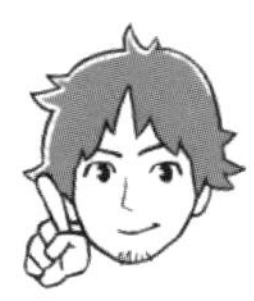

呵呵呵……悅里，看來妳頗有感觸喔，但還有更酷的稱呼喔。其實，在完全協和音程中，完全1度和完全8度又被認為是更加特別的存在，所以另有「絕對協和音程」的別稱(得意)！！

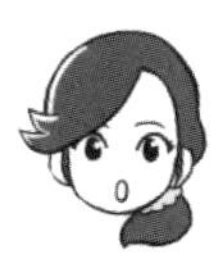

哦，是喔。

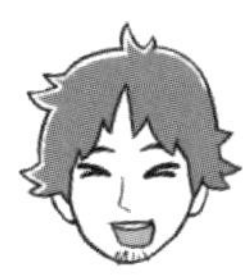

哎、哎呀？竟然沒什麼反應……

♪完全5度及完全4度有增減的區別？

我們來看一下只用Do、Re、Mi、Fa、Sol、La、Si、Do這些白鍵，能夠彈出哪些5度的組合。請看**圖①**，只彈白鍵時一共有七種5度組合。這七種裡頭，與其他組合都不同的又是哪一個呢？

以半音的間隔數算，①的5度是Do→Do#→Re→Re#→Mi→Fa→Fa#→Sol，0.5鍵×7＝3.5鍵。②的5度則是Re→Re#→Mi→Fa→Fa#→Sol→Sol#→La，0.5鍵×7＝3.5鍵。③～⑥也一樣都是3.5鍵。只有⑦是Si→Do→Do#→Re→Re#→Mi→Fa，0.5鍵×6＝3鍵。也就是說，不同的就是⑦。按照前面說過的規則，自然會把間距為3.5鍵的音程叫做大5度，而少半音的⑦叫做小5度。不過，5度不以大小來區別。因此，①～⑥這種間隔3.5鍵的5度，會稱為「完全5度」。而⑦比完全5度少半音、只有3鍵的5度，則稱為減5度。另外，比基準多半音的時候，通常會在度數前面加上「增」。

圖① 找出例外的5度！

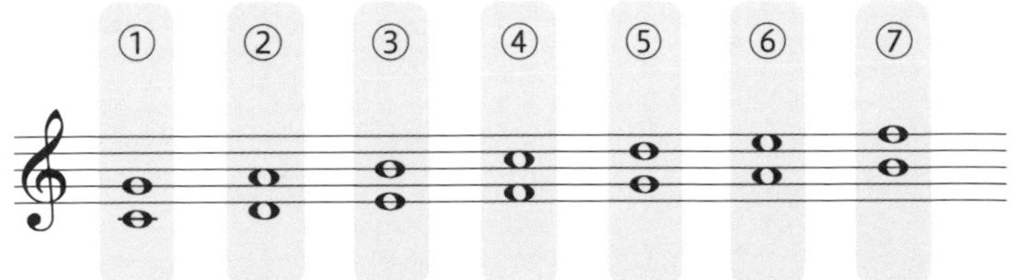

圖 以C(Do)當做基準時的增5度>完全5度>減5度

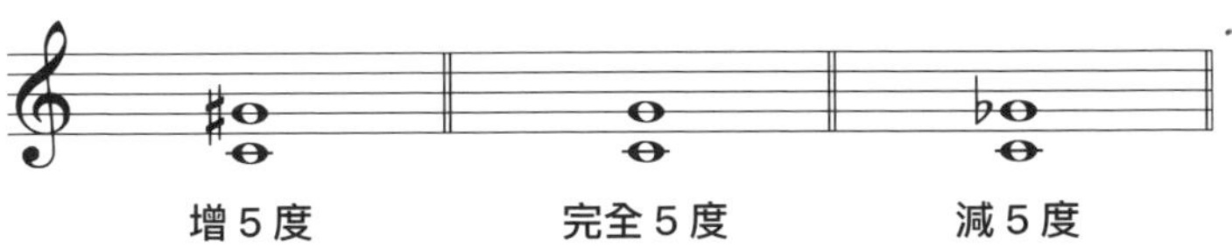

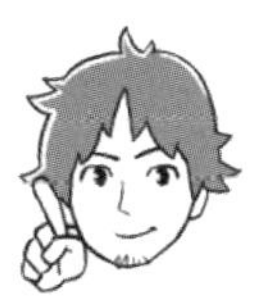

增5度的間距為4鍵，完全5度是3.5鍵，而減5度則是3鍵的音程。要牢記起來喔！

理解5度之後，接下來我們用同樣的邏輯再來看一下4度的情況。請看**圖①**。只用Do、Re、Mi、Fa、Sol、La、Si、Do這些白鍵，能夠彈出的4度組合中，有一個與其他組合不同的是哪一個呢？同樣的，我們以半音的間隔數算看看。①是Do→Do$^{\#}$→Re→Re$^{\#}$→Mi→Fa，0．5鍵×5＝2．5鍵。②、③也是2．5鍵。不過④是Fa→Fa$^{\#}$→Sol→Sol$^{\#}$→La→La$^{\#}$→Si，0．5鍵×6＝3鍵。後面的⑤～⑦也是2．5鍵，由此可知，只有④是3鍵。

在4度音程中，擁有2．5鍵間距的稱為完全4度，比完全4度多半音的4度，則稱為增4度，依此加以區隔。也就是說，間距比基準多半音的音程，通常會在度數前面加上「增」，而間距比基準少半音的音程，則是在前面加上「減」。不過，完全1度與完全8度的音程，很少看到加上增減的情況。

這裡稍微有點複雜，但其實會加增或減的不只完全音程。一般以大小來表示的音程，在遇到需要額外增多或減少半音的時候，也會使用增或減表示。接下來我們來看實際例子。

圖①找出例外的那個4度！

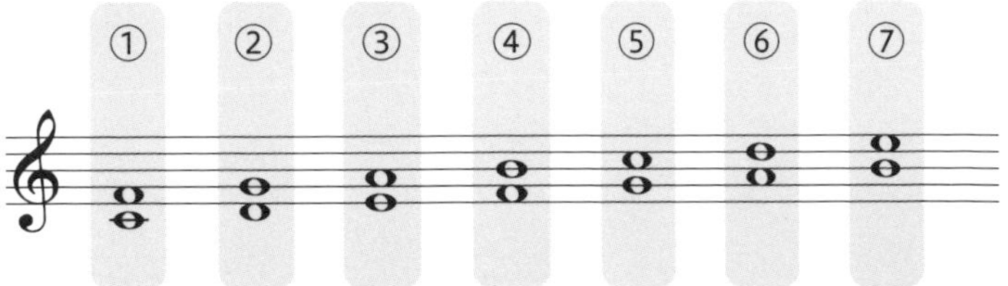

圖 以C(Do)當做基準時的增4度>完全4度>減4度

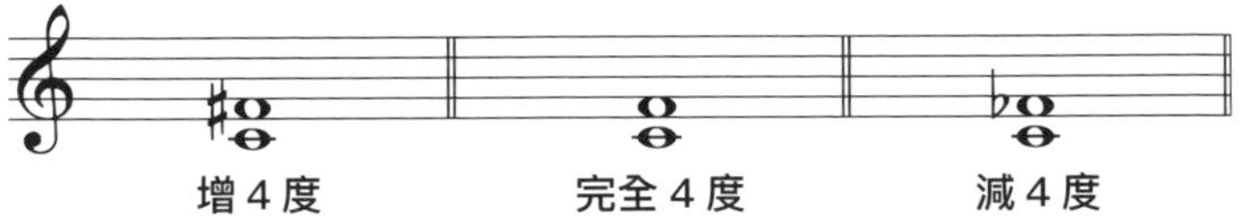

在音樂用語中，完全音程的英文為「Perfect Interval」、增音程稱為「Augmented Interval」，減音程則是「Diminished Interval」。舉例來說，完全5度音程是「Perfect Fifth」，增4度音程是「Augmented Fourth」，而減5度音程是「Diminished Fifth」。

將大音程縮減半音就會變成小音程，對吧？那麼，將小音程再縮減半音，就是減音程。此外，小音程增加半音，則會變成大音程。如果將大音程再增加半音，就是增音程。圖①是舉3度音程的例子，其他有大小之分的2度、6度、7度音程也是一樣喔。

接著，我們來複習完全音程及大小音程。請見圖②。這張圖裡的倍增音程，是比增音程多半音的音程，而倍減音程則是比減音程少半音的音程。

音程的表示法不只一種

前面在〈那些難以辨識的音名篇〉中，已經說明過什麼是異名同音。舉例來說，C♯、D♭和B×雖然名稱不同，但其實都是同一個音。在音程上也有類似的情形。擁有相同間隔、表示法卻不同的音程，就稱為「等音程（異名同音程）」。請見圖③。音程為0．5鍵×3＝1．5鍵，就有小3度、增2度、倍減4度三種不同的表示方法。這究竟是為什麼呢？前面已經說明過異名同音的意思是，「在樂曲的旋律起伏中，能依照該音所具備的功能來選擇適合的音名」。等音程（異名同音程）也是基於同樣的原因，賦予音程使用上的彈性。

圖①增音程>大音程>小音程>減音程

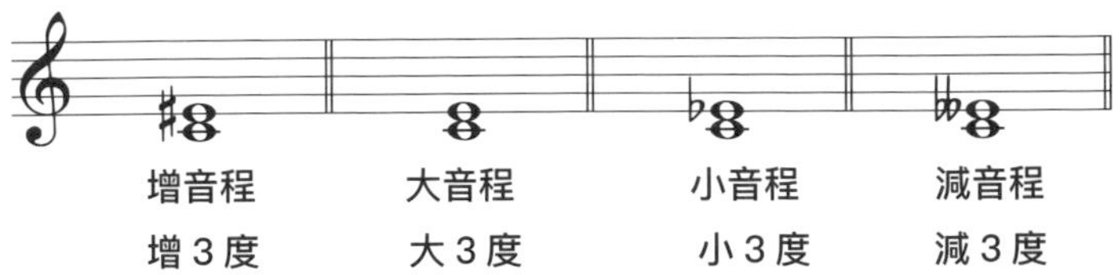

圖② 音程的增減關係

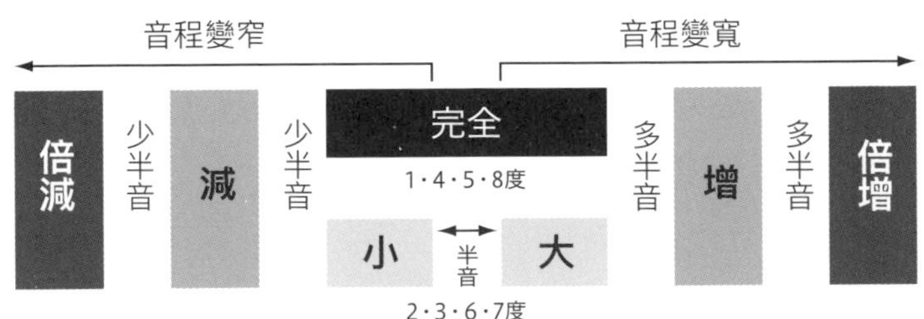

圖③ 等音程

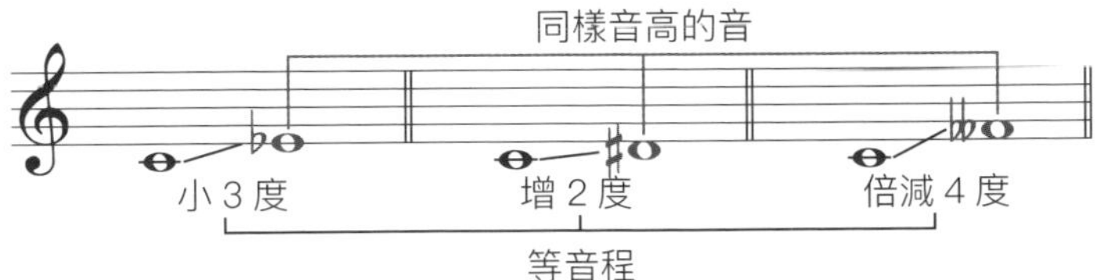

CHAPTER2
「遠在天邊近在咫尺的人」篇

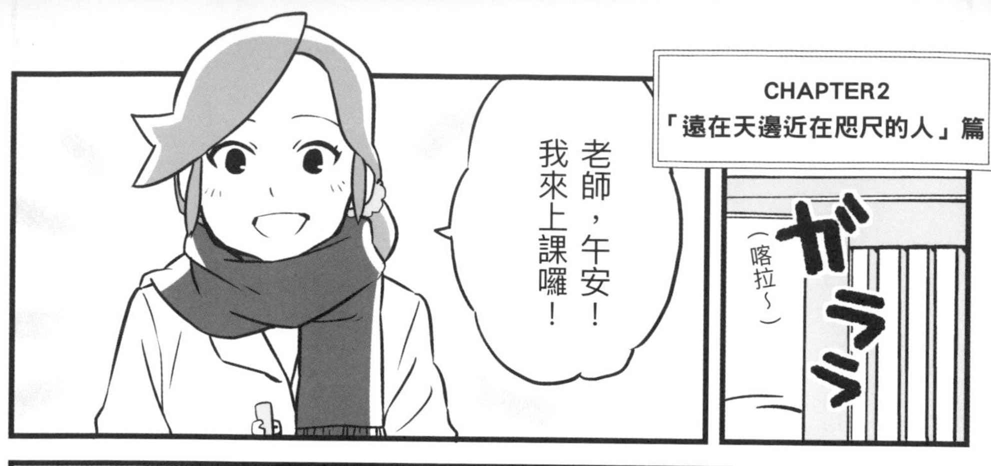

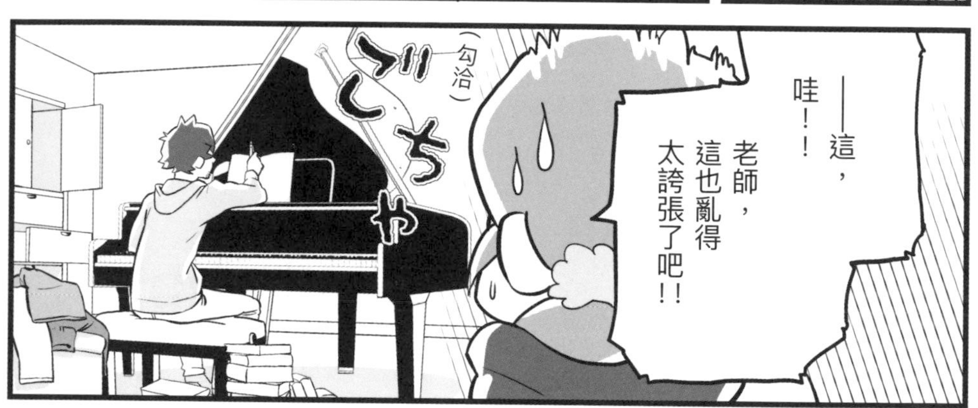

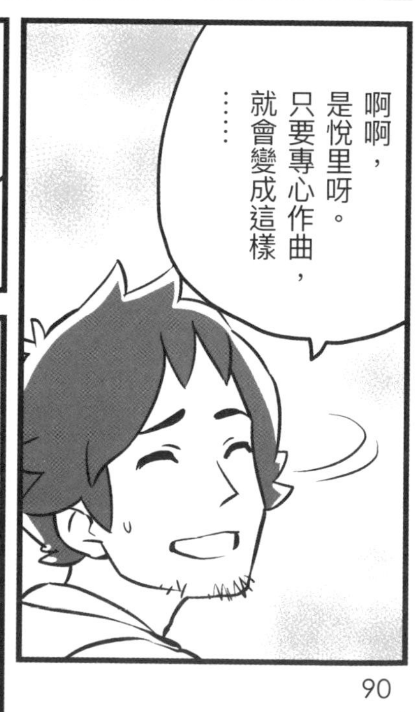

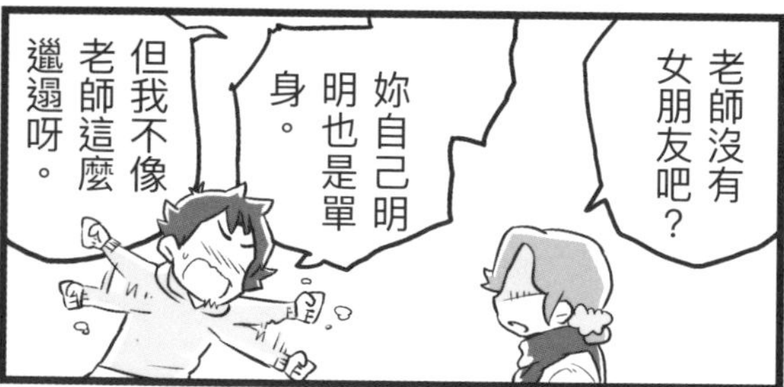

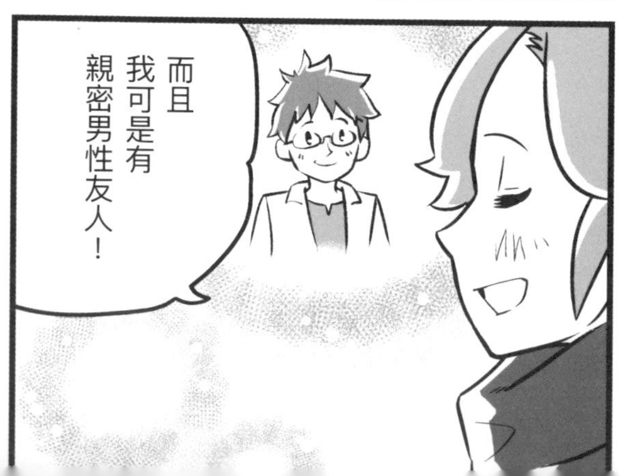

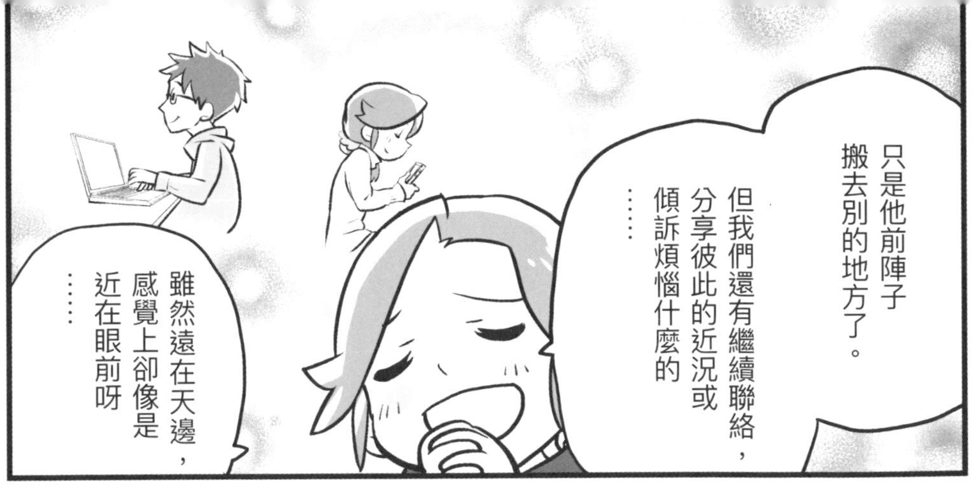
只是他前陣子搬去別的地方了。
但我們還有繼續聯絡，分享彼此的近況或傾訴煩惱什麼的……
雖然遠在天邊，感覺上卻像是近在眼前呀……
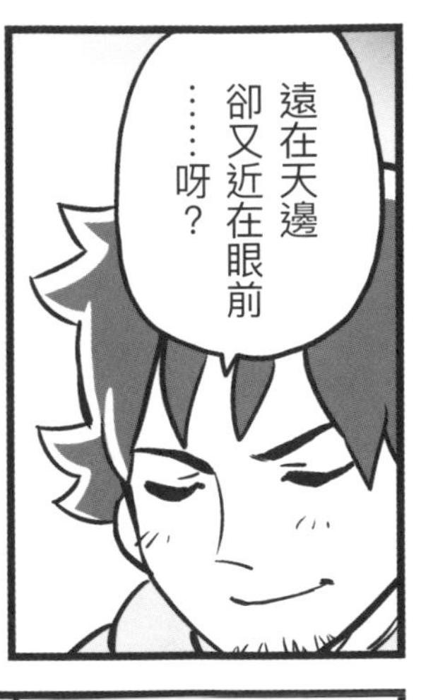
遠在天邊卻又近在眼前……呀？
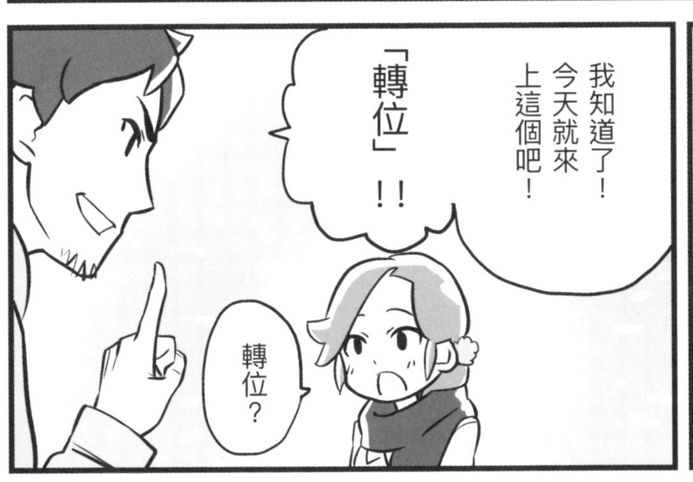
我知道了！今天就來上這個吧！「轉位」！！
轉位？
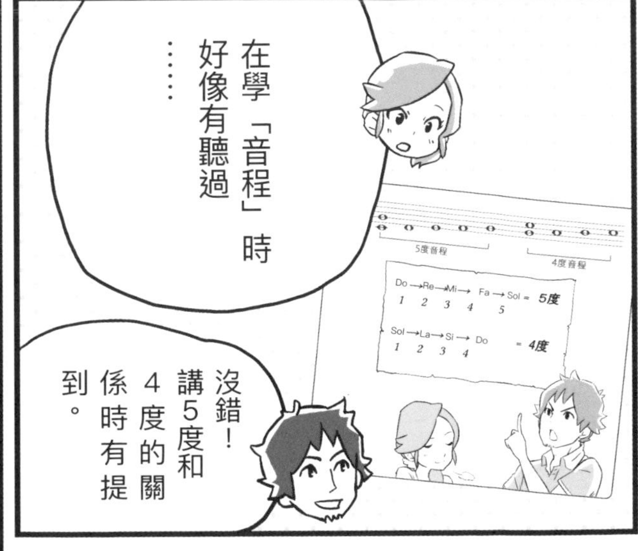
在學「音程」時好像有聽過……
5度音程
4度音程
Do→Re→Mi→ Fa→Sol = 5度
1 2 3 4 5
Sol→La→Si→ Do = 4度
1 2 3 4
沒錯！講5度和4度的關係時有提到。

現在我們來深入了解「轉位」吧！
轉位

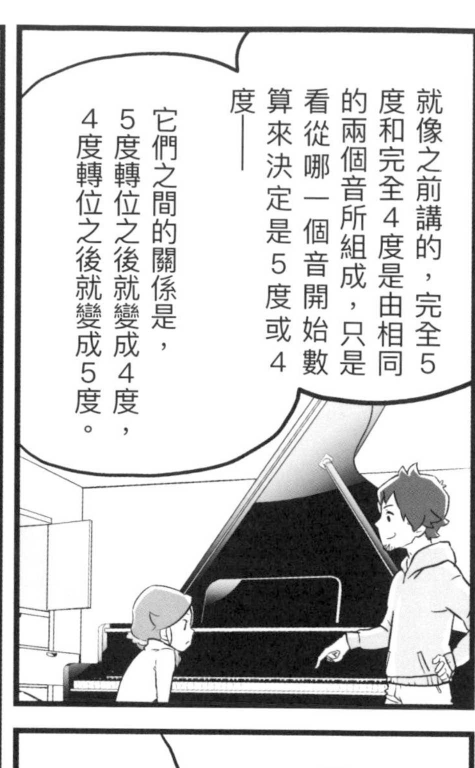
就像之前講的，完全5度和完全4度是由相同的兩個音所組成，只是看從哪一個音開始數算來決定是5度或4度——
它們之間的關係是，5度轉位之後就變成4度，4度轉位之後就變成5度。

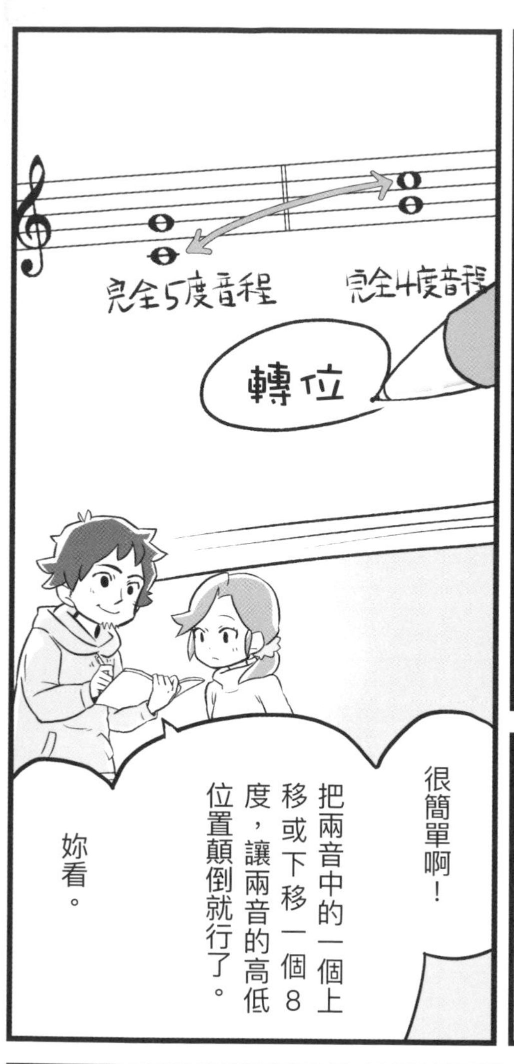
完全5度音程
完全4度音程
轉位
很簡單啊！
把兩音中的一個上移或下移一個8度，讓兩音的高低位置顛倒就行了。
妳看。

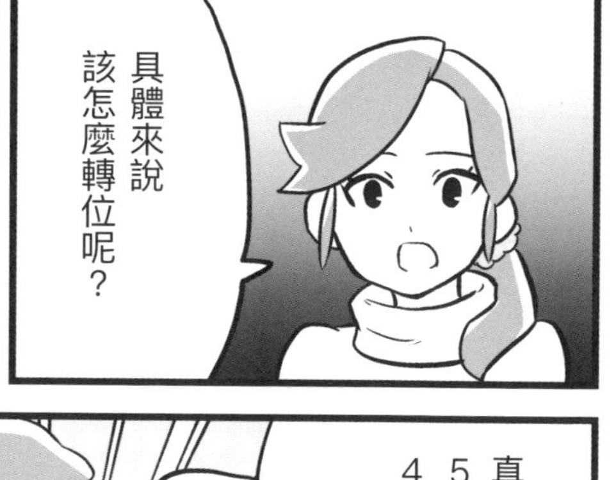
具體來說該怎麼轉位呢？

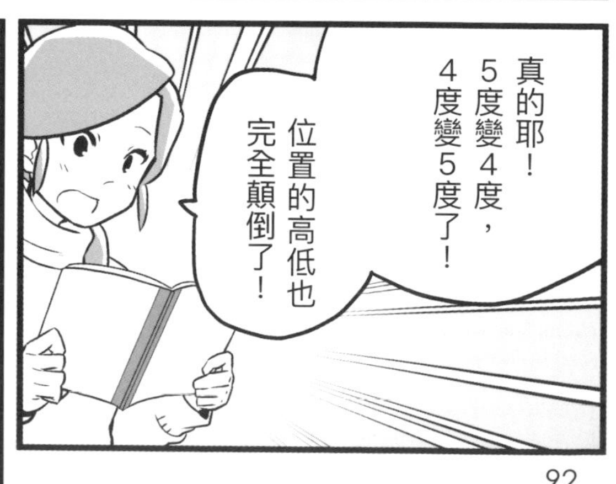
真的耶！5度變4度，4度變5度了！
位置的高低也完全顛倒了！

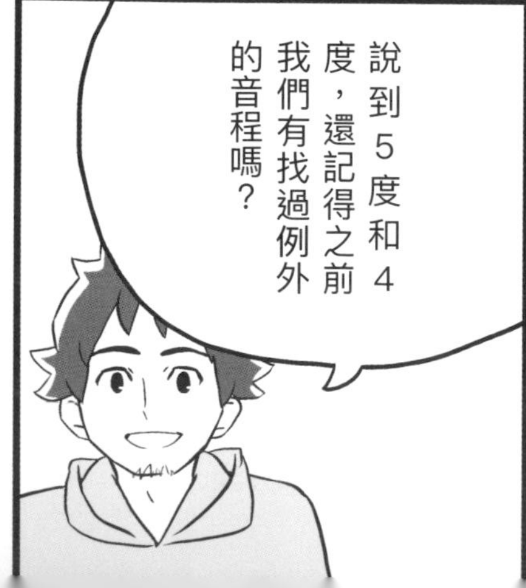
說到5度和4度，還記得之前我們有找過例外的音程嗎？

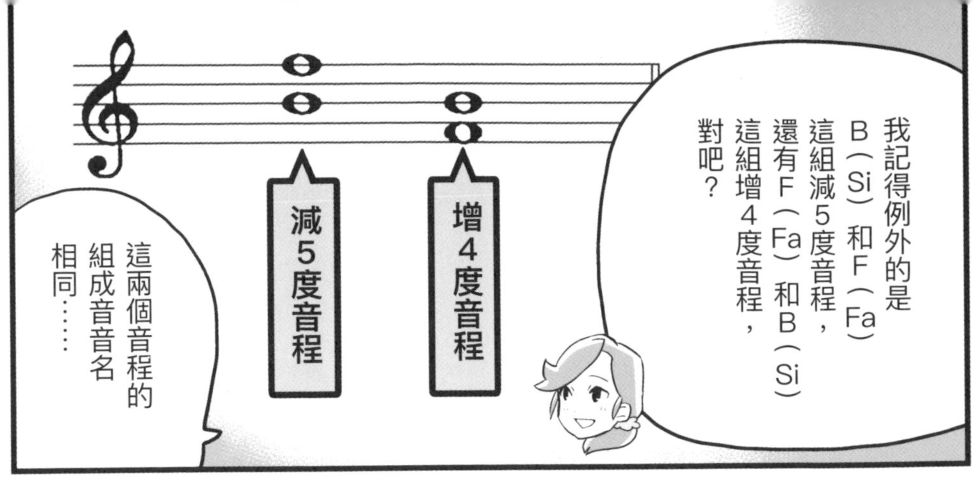
我記得例外的是B（Si）和F（Fa）這組減5度音程，還有F（Fa）和B（Si）這組增4度音程，對吧？
增4度音程
減5度音程
這兩個音程的組成音音名相同……

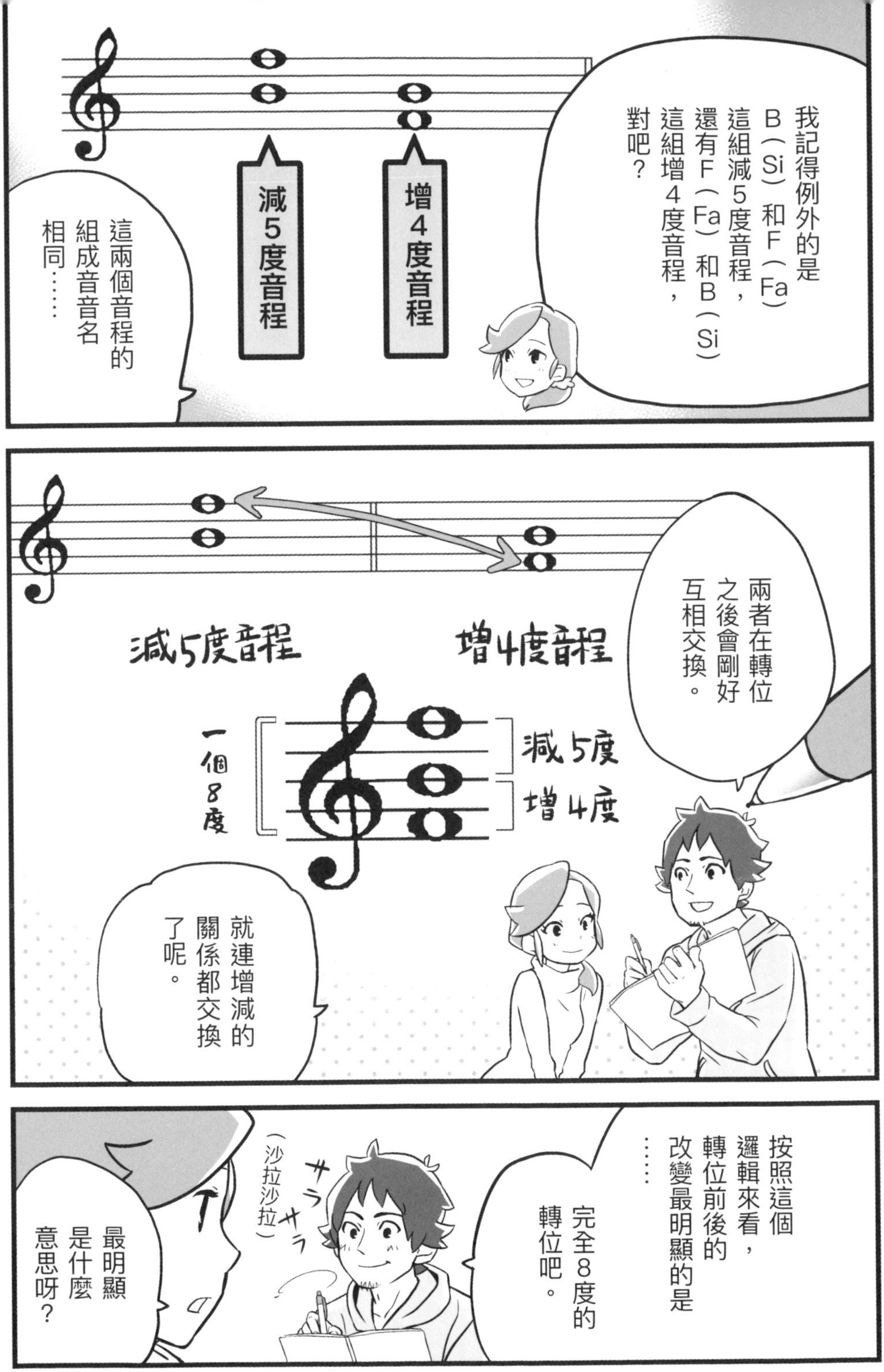

兩者在轉位之後會剛好互相交換。
減5度音程
增4度音程
一個8度
減5度
增4度
就連增減的關係都交換了呢。

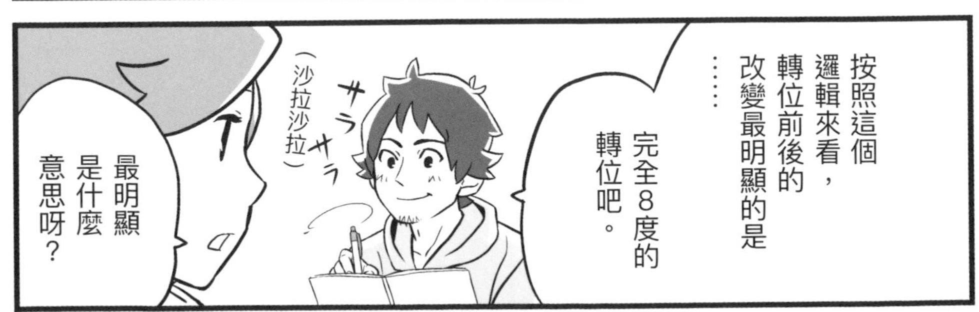
按照這個邏輯來看，轉位前後的改變最明顯的是……
完全8度的轉位吧。
サラサラ
（沙拉沙拉）
最明顯是什麼意思呀？

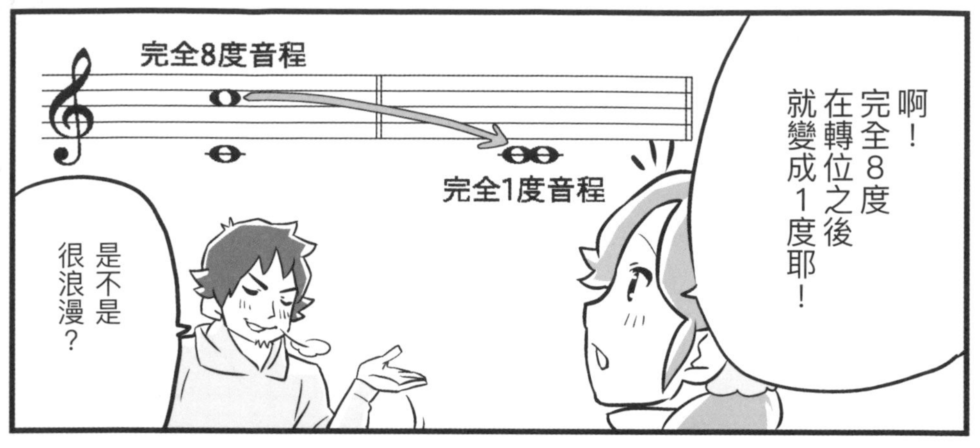
完全8度音程
完全1度音程
啊！完全8度在轉位之後就變成1度耶！
是不是很浪漫？

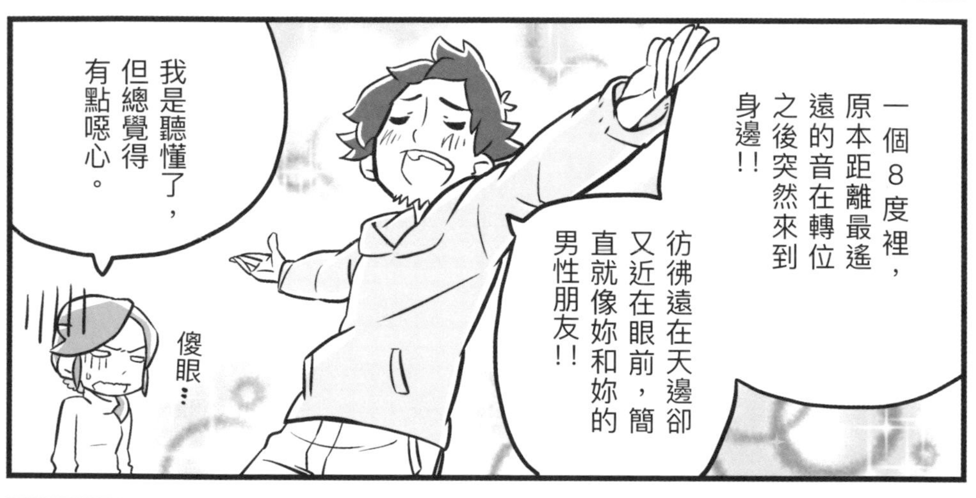
一個8度裡，原本距離最遙遠的音在轉位之後突然來到身邊！！
彷彿遠在天邊卻又近在眼前，簡直就像妳和妳的男性朋友！！
我是聽懂了，但總覺得有點噁心。
傻眼…

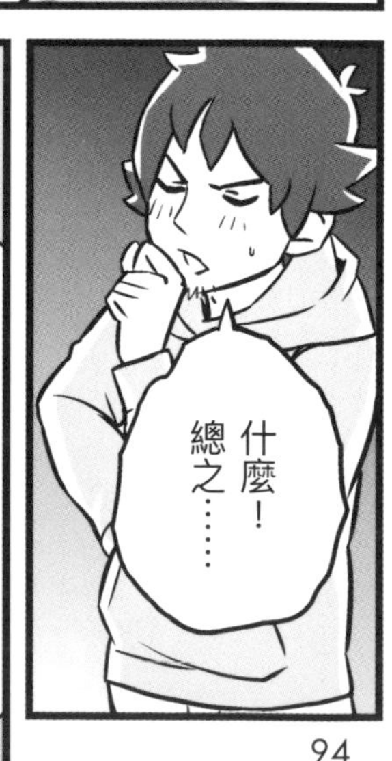
什麼！總之……

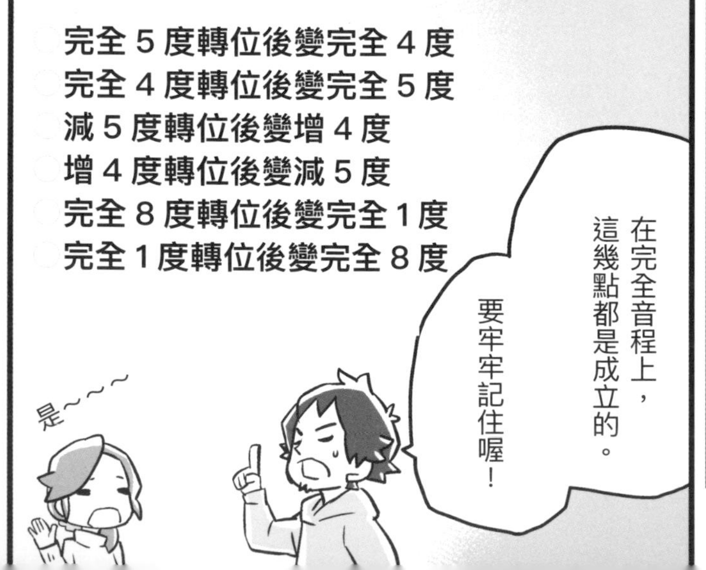
完全 5 度轉位後變完全 4 度
完全 4 度轉位後變完全 5 度
減 5 度轉位後變增 4 度
增 4 度轉位後變減 5 度
完全 8 度轉位後變完全 1 度
完全 1 度轉位後變完全 8 度
在完全音程上，這幾點都是成立的。
要牢牢記住喔！
是～～～

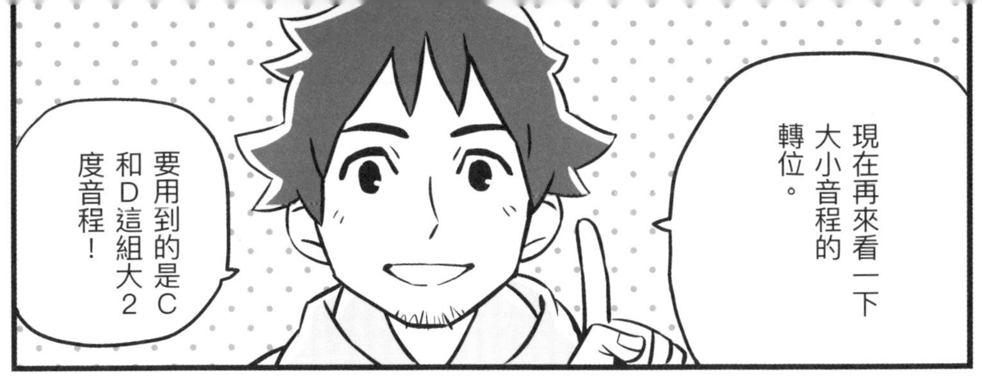

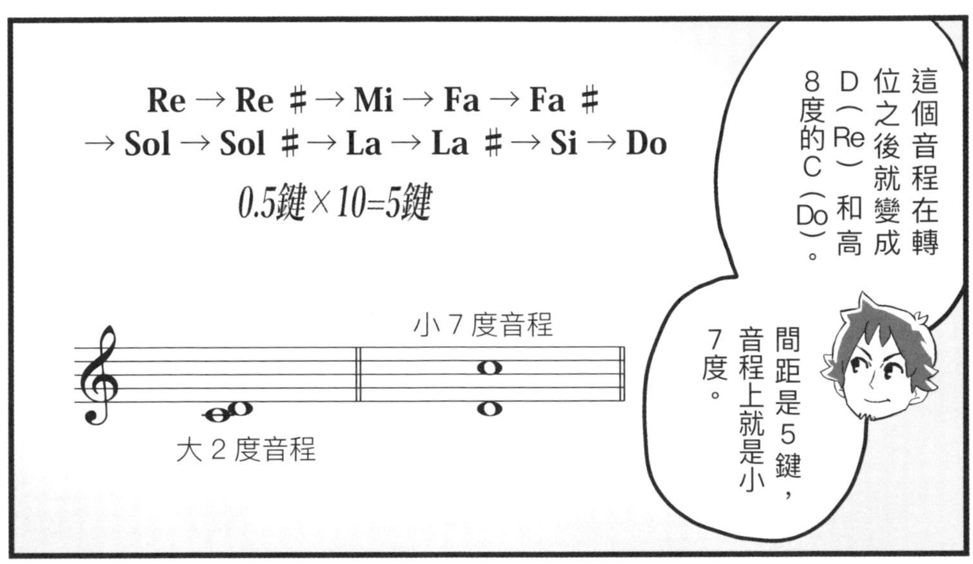

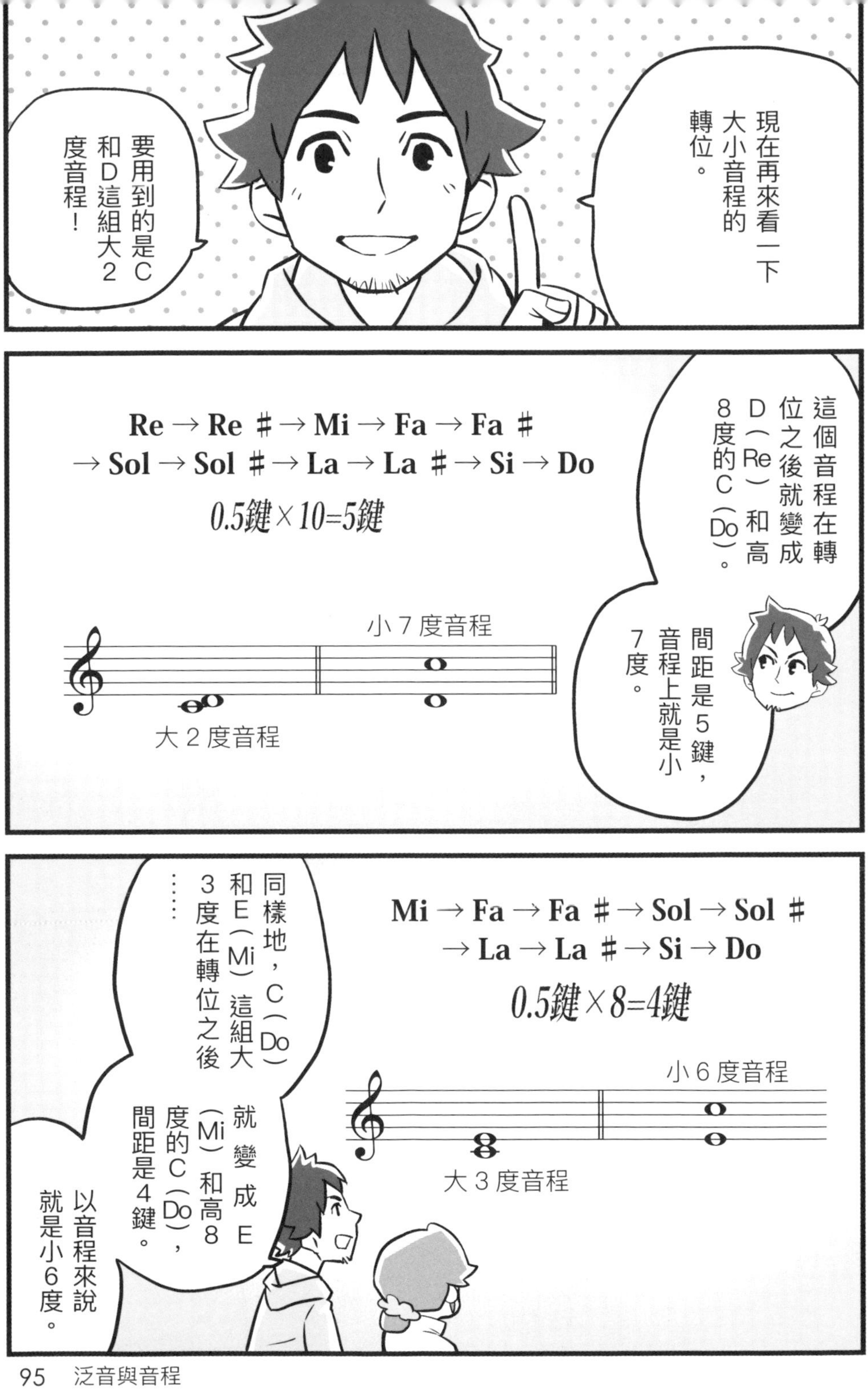

同樣地，C（Do）和E（Mi）這組大3度在轉位之後……

Mi → Fa → Fa ♯ → Sol → Sol ♯ → La → La ♯ → Si → Do

0.5鍵×8=4鍵

小6度音程

大3度音程

就變成E（Mi）和高8度的C（Do），間距是4鍵。

以音程來說就是小6度。

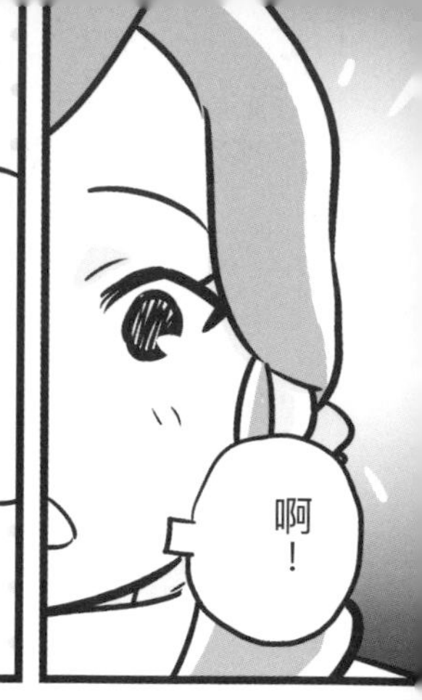

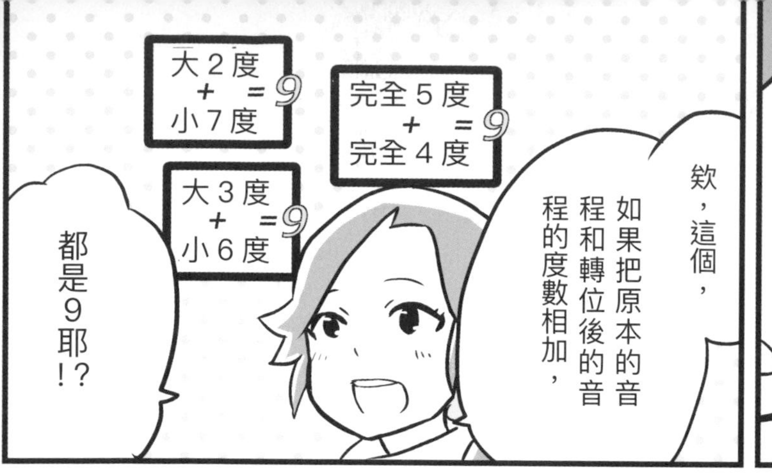

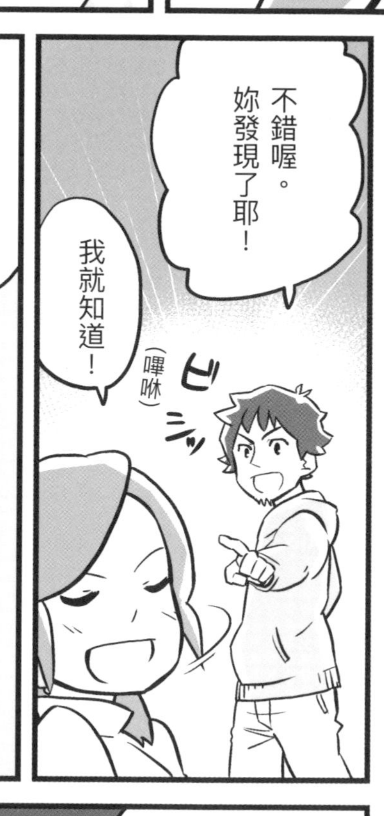

這張就是轉位的規則！最好記起來！

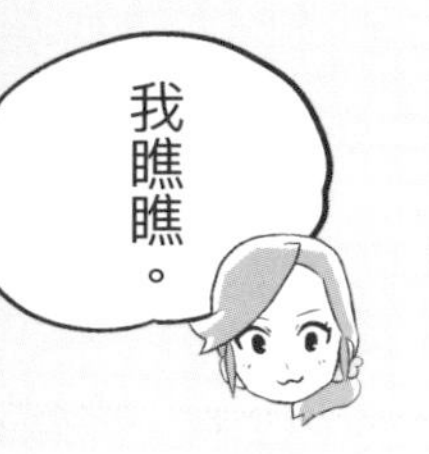

- 原本的音程和轉位後的音程的度數相加等於9
- 完全音程在轉位後還是完全音程
- 「大·小」與「增·減」在轉位後會交換

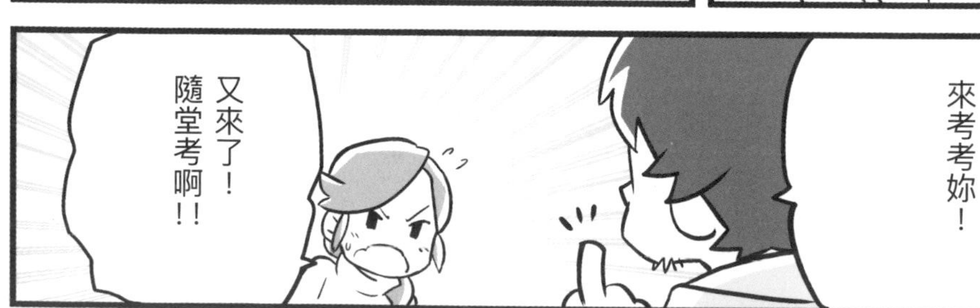

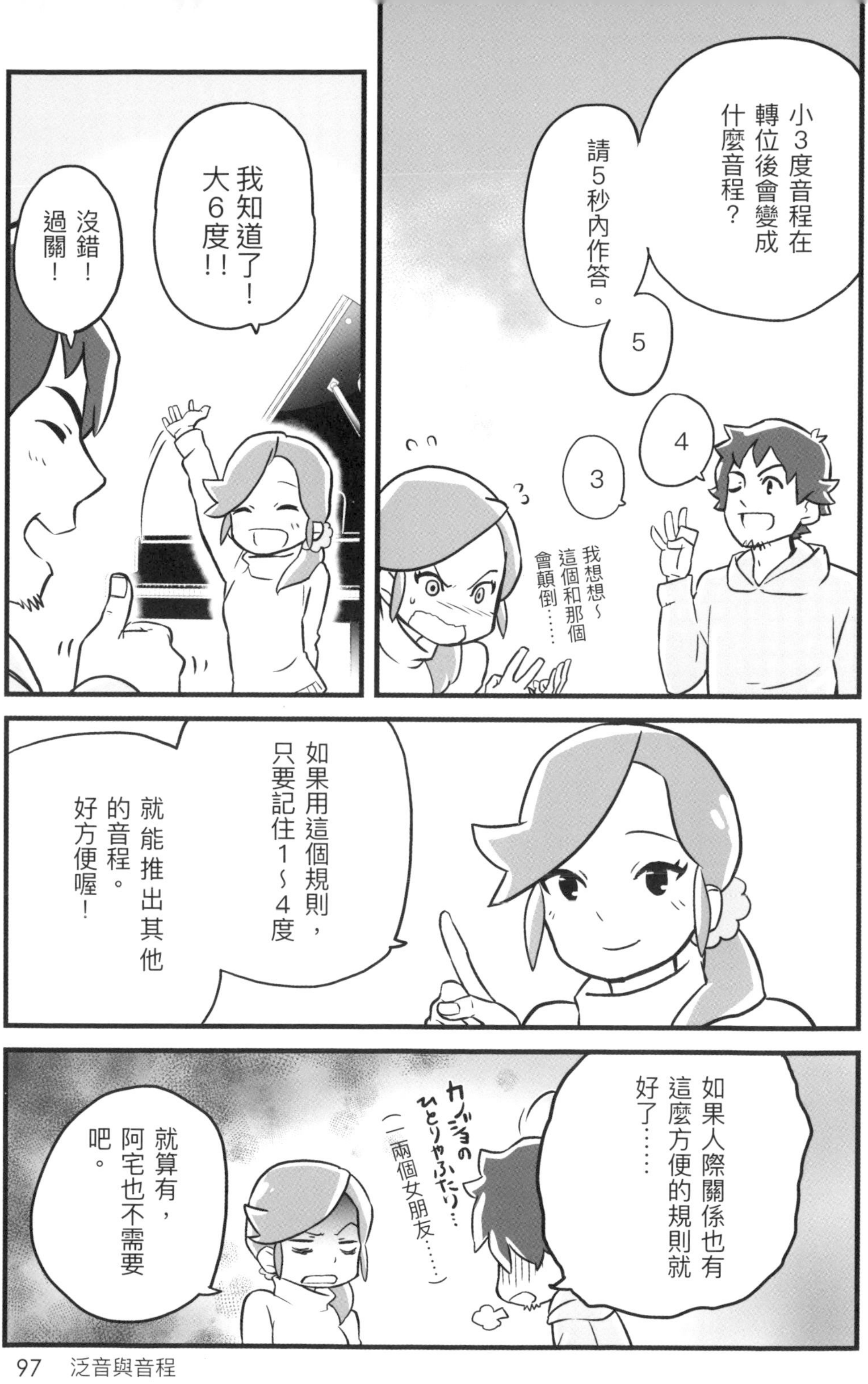

小3度音程在轉位後會變成什麼音程？

請5秒內作答。

5

4

3

我想想～這個和那個會顛倒……

我知道了！大6度!!

沒錯！過關！

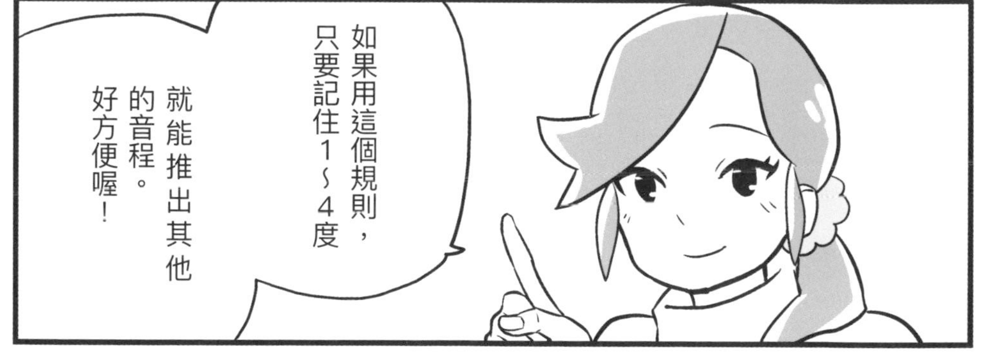

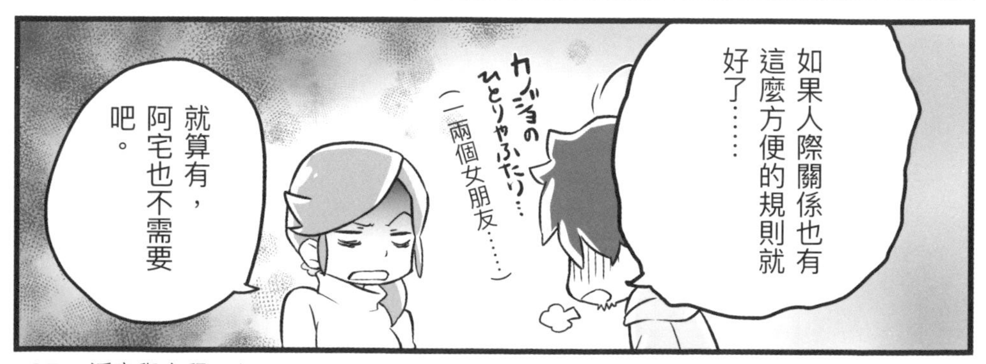

「遠在天邊近在咫尺的人」篇

音程在「轉位」後相加得9

其實前面就已經出現過「轉位」，各位還記得嗎？沒錯，就是〈從泛音來看音的和諧度篇〉（請見第37頁）。完全5度和完全4度的組成音相同，由C（Do）數到G（Sol）就是完全5度，從G（Sol）數到C（Do）則是完全4度。換句話說，把其中一個音上移或下移一個8度，讓兩個音的高低關係顛倒過來，就稱為「音程的轉位」。

另外，有增減的音程又是如何呢？以前面舉過的例子來說，我們已經知道B（Si）和F（Fa）形成的減5度音程、以及F（Fa）和B（Si）形成的增4度音程，兩者的組成音音名都相同。其實這樣就有符合轉位的規則（將其中一個音上移或下移一個8度，讓兩個音的高低關係顛倒），因此這兩個音程就是互為轉位的關係。此外，在完全音程中，完全8度轉位後會變成音高一模一樣的音，也就是完全1度。

完全5度音程轉位後變身為完全4度音程

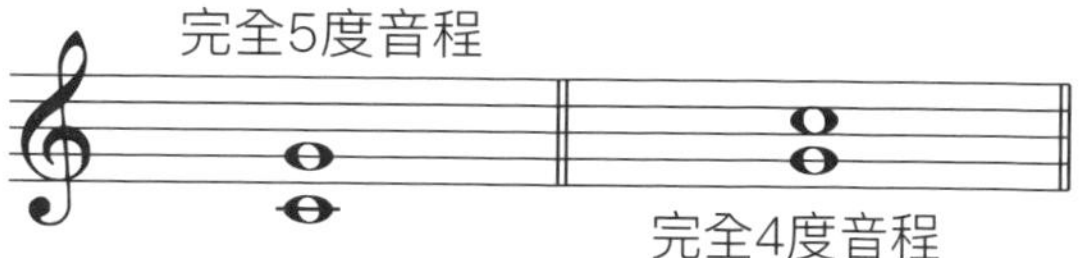

減5度音程轉位後變身為增4度音程

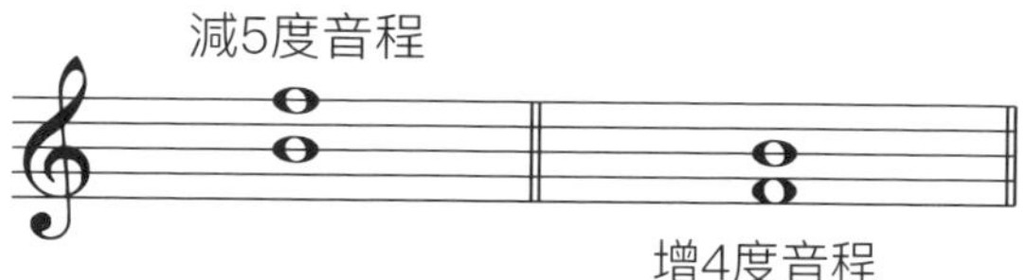

完全8度轉位後變身為完全1度音程

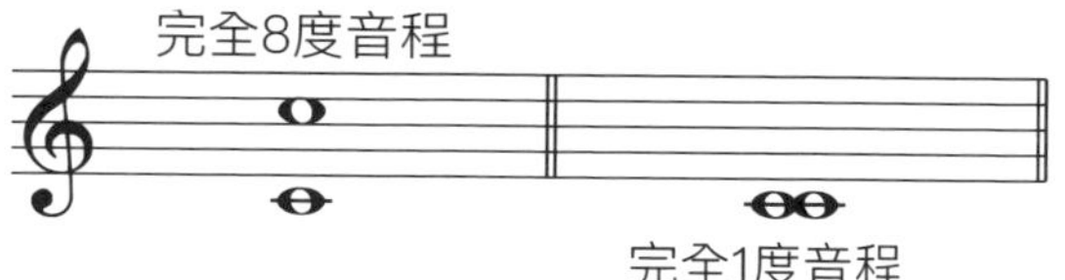

全部寫出來的話，就……
完全5度轉位後變成完全4度音程
完全4度轉位後變成完全5度音程
減5度轉位後變成增4度音程
增4度轉位後變成減5度音程
完全8度轉位後變成完全1度音程
完全1度轉位後變成完全8度音程
換句話說，這些關係在完全音程上皆成立。

那麼大小音程又是如何呢？首先，我們來看一下大2度的轉位。C（Do）和D（Re）這組大2度音程，在轉位後就變成D和高8度的C，以半音的間隔來數算，就是Re→Re#→Mi→Fa→Fa#→Sol→Sol#→La→La#→Si→Do，0．5鍵×10＝5鍵。從音程上來看，5鍵的間隔就是小7度。接著，也來看一下C（Do）和E（Mi）的大3度音程。轉位後變成E（Mi）和高8度的C（Do），以半音的間隔數算，就是Mi→Fa→Fa#→Sol→Sol#→La→La#→Si→Do，0．5鍵×8＝4鍵。間距為4鍵的音程就是小6度。

由此可見，大2度音程和小7度音程、以及大3度音程和小6度音程皆互為轉位。說到這裡，應該有人已經察覺「音程的轉位也有規則存在」。「原本的音程和轉位後的音程的度數相加會等於9」、「完全音程在轉位後還是完全音程」、及「有大·小與增·減的音程在轉位後，大小、增減會顛倒過來」，請牢記這幾點特徵。

我們按照轉位的規則，只要熟記1度音程至4度音程的情形，就可以利用轉位推算出5～7度音程。

大2度音程轉位後變身為小7度音程

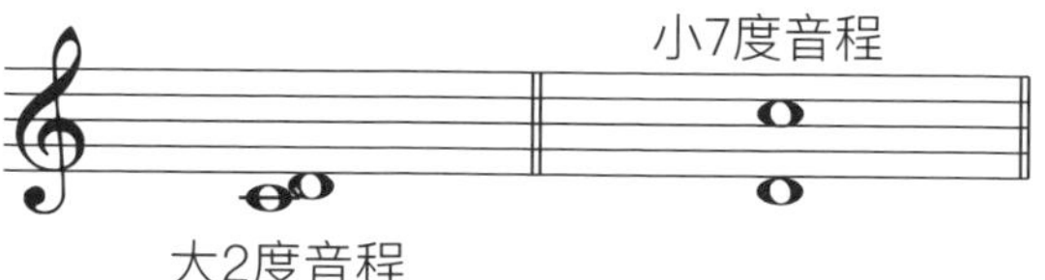

大3度音程轉位後變身為小6度音程

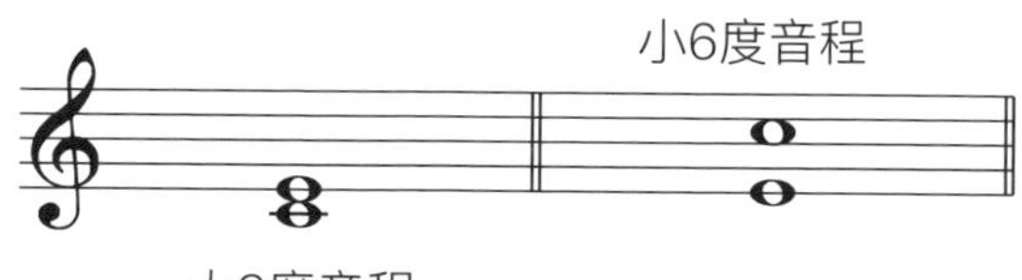

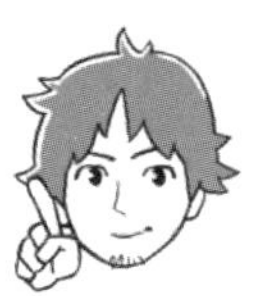

轉位的規則有以下三點！
1.「原本的音程和轉位後的音程的度數相加會等於9」
2.「完全音程在轉位後還是完全音程」
3.「有大·小與增·減的音程在轉位後，大小、增減會顛倒過來」

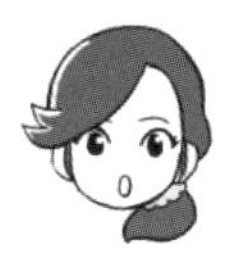

只要記住轉位的規則就能輕輕鬆鬆判別音程呢。

♪相隔超過一個8度的音程

利用音程的轉位很容易可以找出相隔超過一個8度的音程。超過一個8度的音程稱為「複音程」，而間隔在一個8度內的音程，則稱為「單音程」。在單音程和複音程之間有這樣的關係：「單音程=複音程－7」、「一個8度＋單音程=複音程」。換句話說，想知道相隔超過一個8度的兩音之間的音程時，只要「先將下方的音上移一個8度，再找出它與上方那個音之間的音程。判斷出音程之後再將該度數加7」。

相反地，將複音程改用單音程來表示時，就是「一個8度＋複音程的度數減掉7所得的度數」。舉例來說，用單音程來表示小10度的話，就變成「一個8度＋小3度」。

相隔超過一個8度的兩音之音程的計算方法

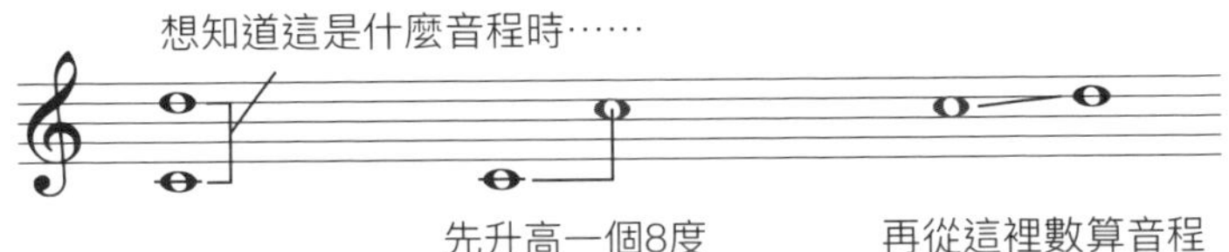

Chapter 3

音階

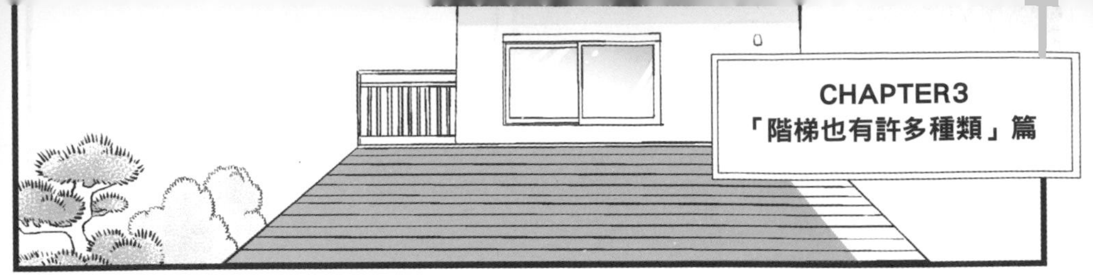
CHAPTER3
「階梯也有許多種類」篇

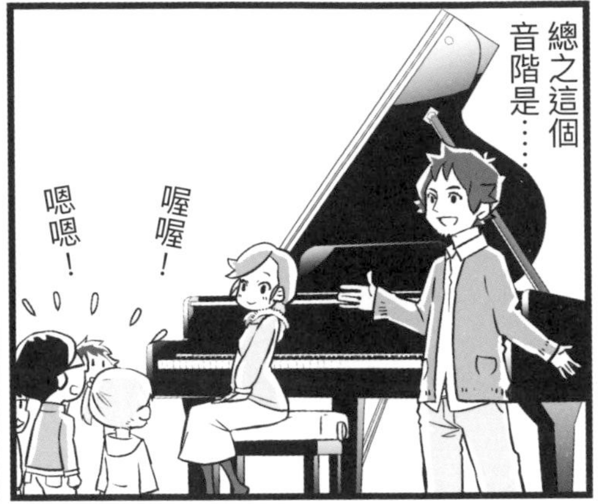
總之這個音階是……
喔喔！
嗯嗯！

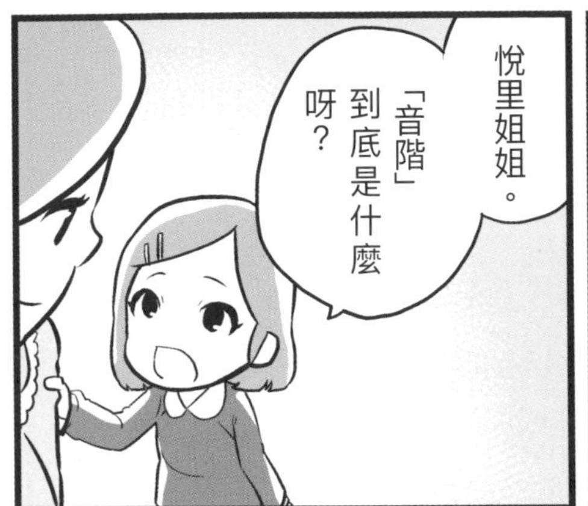
悅里姐姐。「音階」到底是什麼呀？

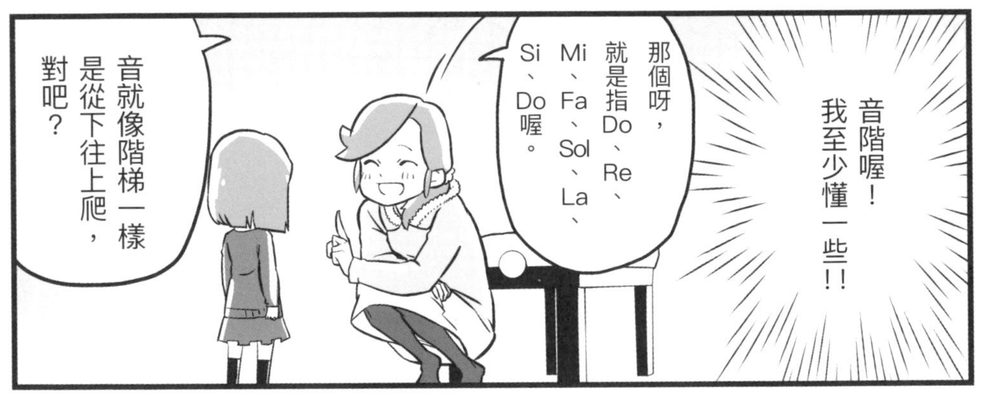
音階喔！我至少懂一些!!
那個呀，就是指Do、Re、Mi、Fa、Sol、La、Si、Do喔。
音就像階梯一樣是從下往上爬，對吧？

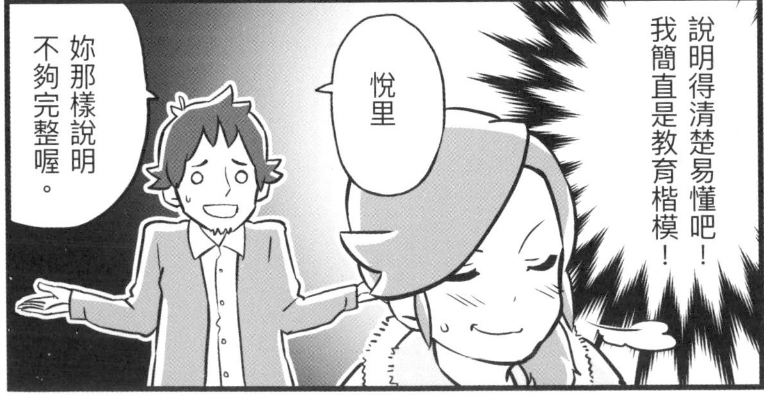
說明得清楚易懂吧！我簡直是教育楷模！
悅里
妳那樣說明不夠完整喔。

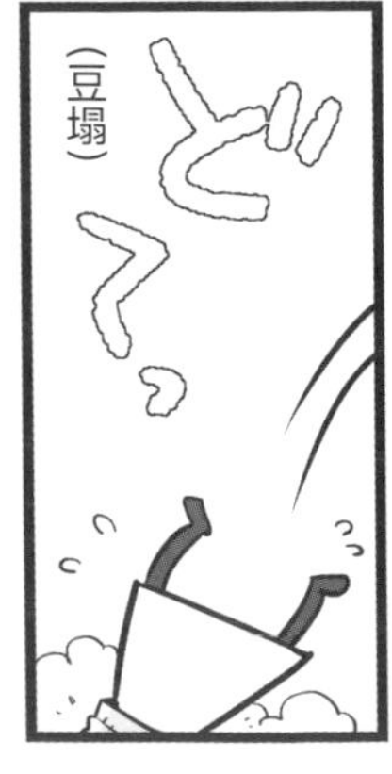
どでっ
(豆塌)

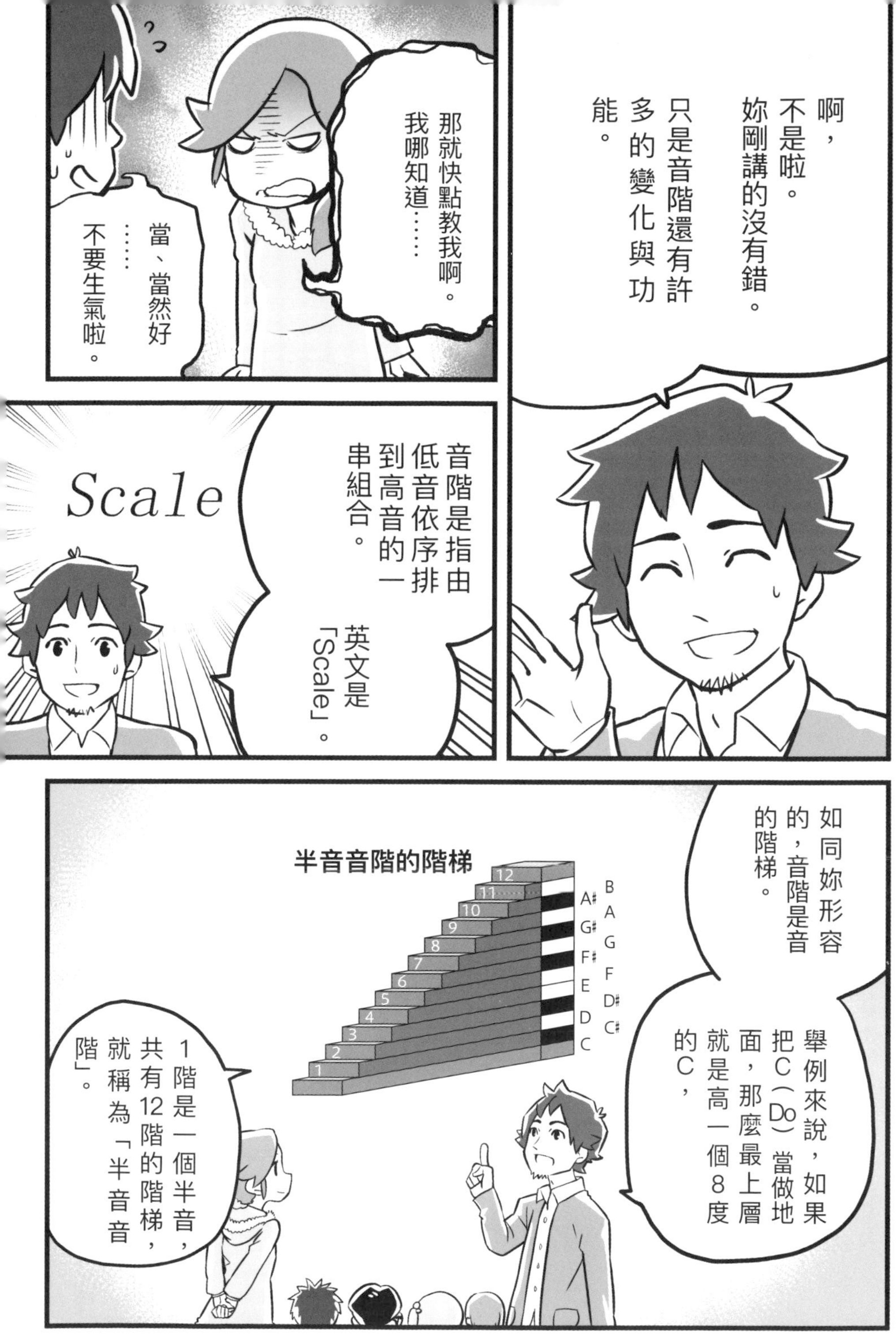

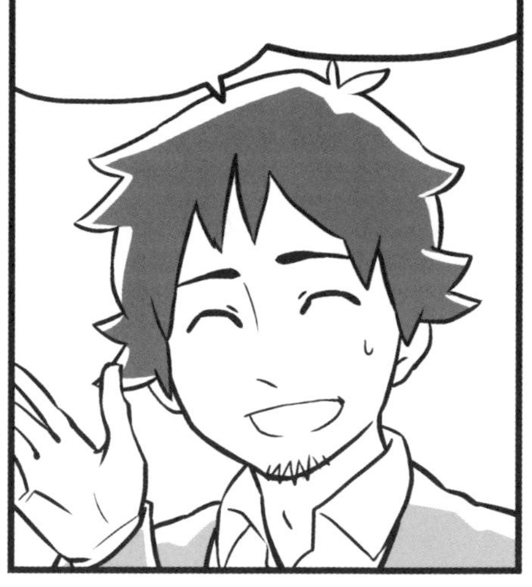

啊，不是啦。妳剛講的沒有錯。只是音階還有許多的變化與功能。

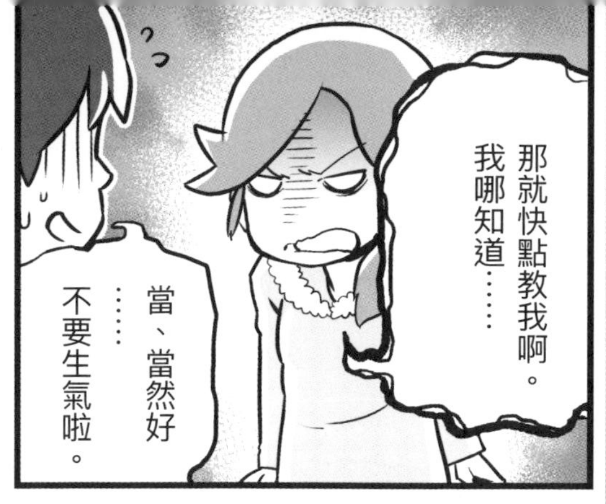

那就快點教我啊。我哪知道……
當、當然好……不要生氣啦。

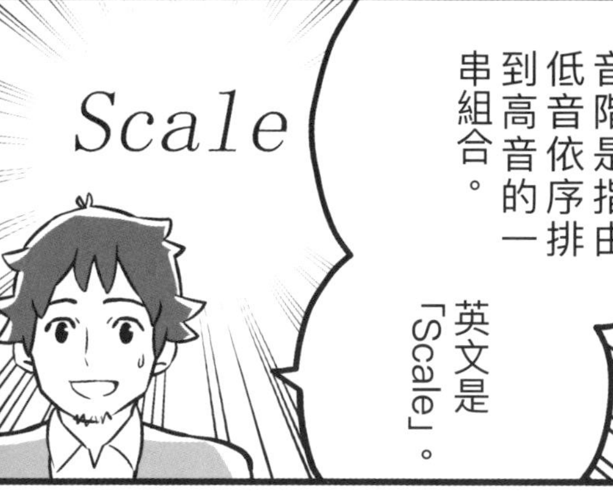

音階是指由低音到高音依序排列的一串組合。
英文是「Scale」。
Scale

如同妳形容的，音階是音的階梯。

半音音階的階梯

1 2 3 4 5 6 7 8 9 10 11 12

C C# D D# E F F# G G# A A# B

舉例來說，如果把C（Do）當做地面，那麼最上層就是高一個8度的C，

1階是一個半音，共有12階的階梯，就稱為「半音音階」。

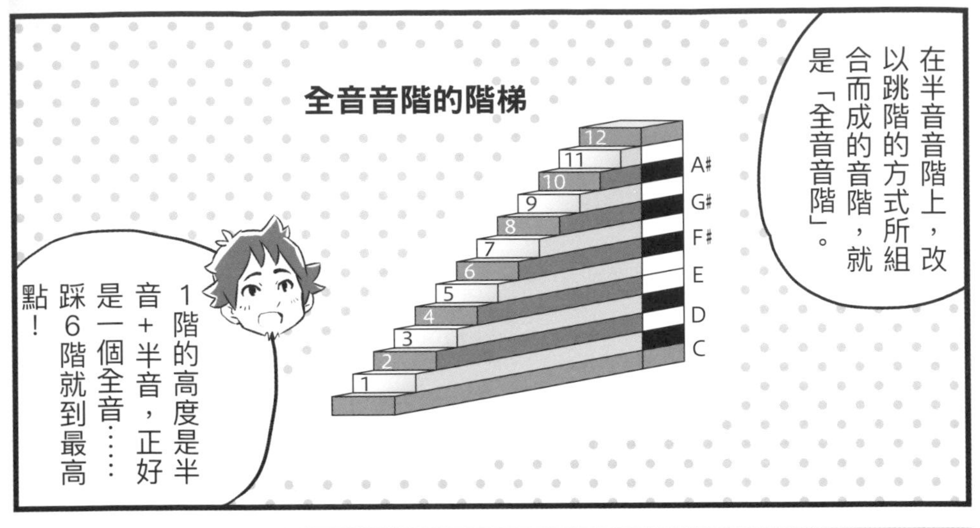
在半音音階上，改以跳階的方式所組合而成的音階，就是「全音音階」。
全音音階的階梯
12
11
10
9
8
7
6
5
4
3
2
1
A#
G#
F#
E
D
C
1階的高度是半音＋半音，正好是一個全音……踩6階就到最高點！

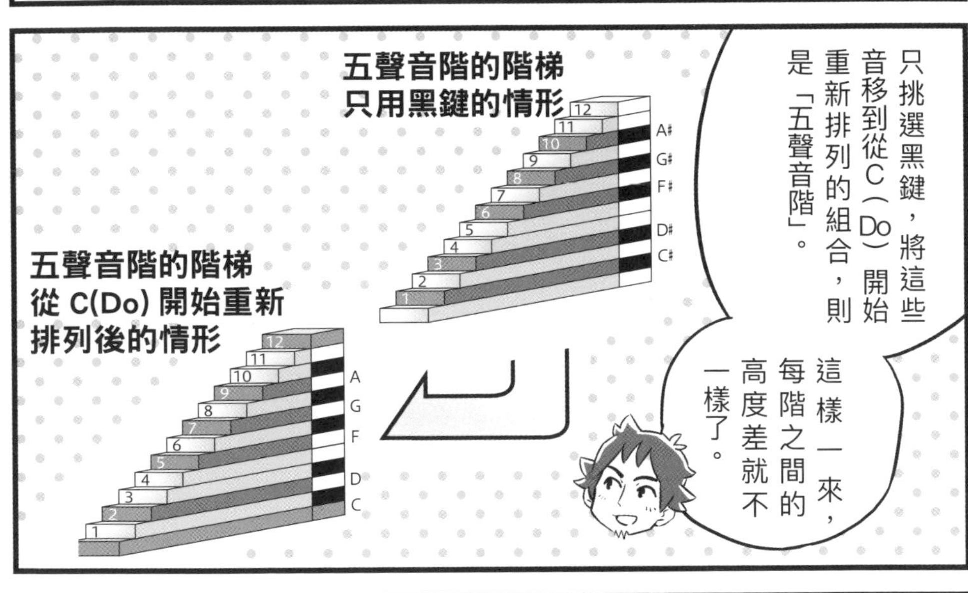
只挑選黑鍵，將這些音移到從C（Do）開始重新排列的組合，則是「五聲音階」。
五聲音階的階梯
只用黑鍵的情形
A#
G#
F#
D#
C#
五聲音階的階梯
從C(Do)開始重新排列後的情形
A
G
F
D
C
這樣一來，每階之間的高度差就不一樣了。

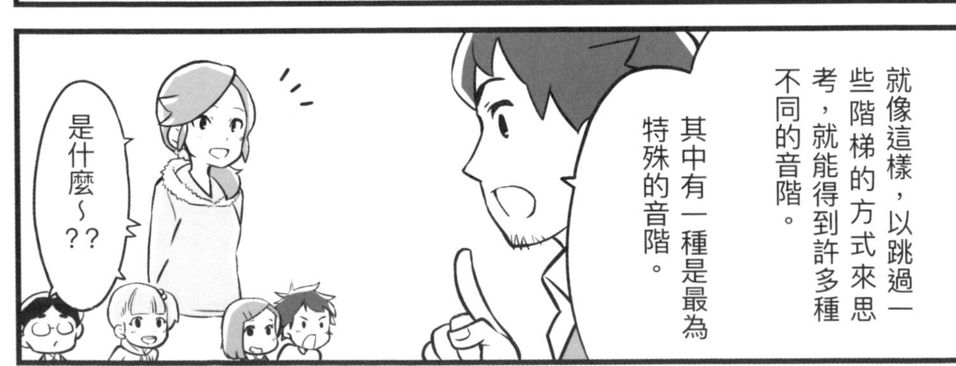
就像這樣，以跳過一些階梯的方式來思考，就能得到許多種不同的音階。
其中有一種是最為特殊的音階。
是什麼～??

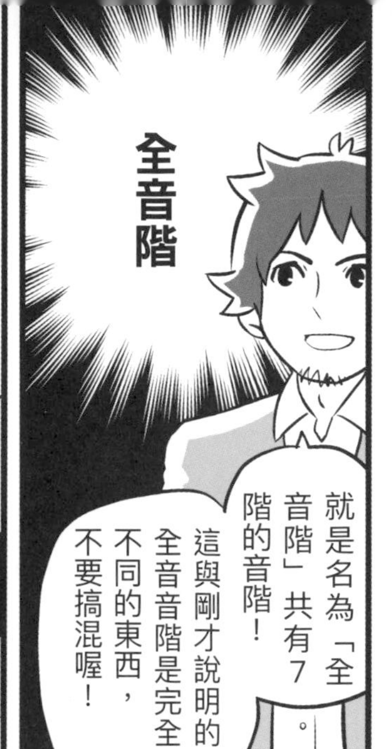
全音階
就是名為「全音階」共有7階的音階！
這與剛才說明的全音音階是完全不同的東西，不要搞混喔！

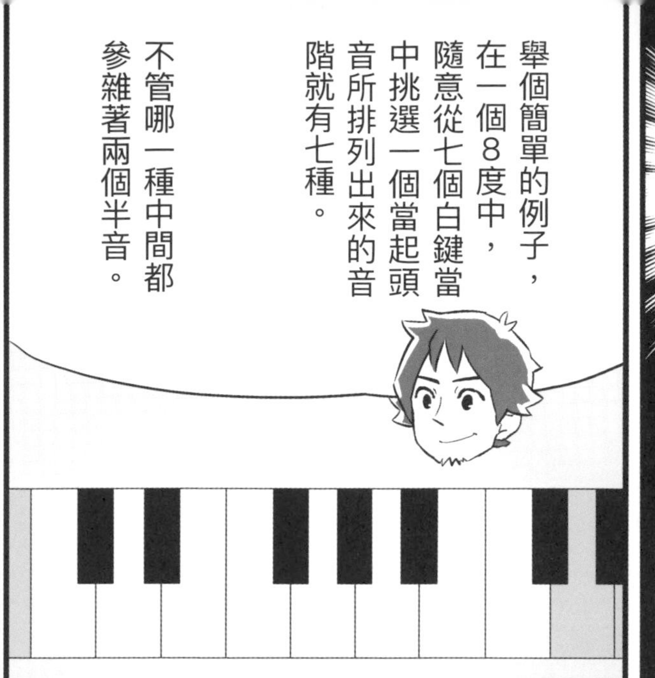
舉個簡單的例子，在一個8度中，隨意從七個白鍵當中挑選一個當起頭音所排列出來的音階就有七種。
不管哪一種中間都參雜著兩個半音。

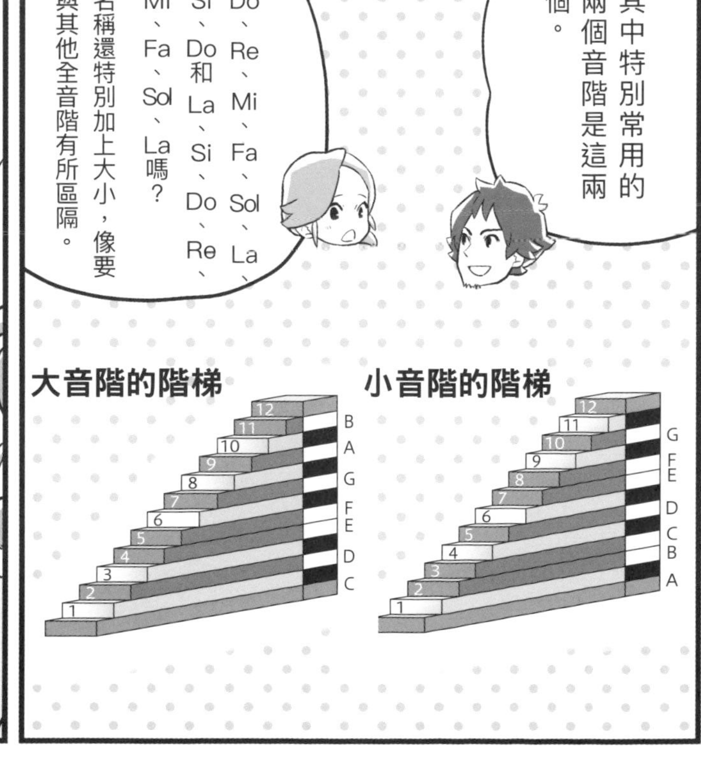
其中特別常用的兩個音階是這兩個。
Do、Re、Mi、Fa、Sol、La、Si、Do和La、Si、Do、Re、Mi、Fa、Sol、La嗎？
名稱還特別加上大小，像要與其他全音階有所區隔。
大音階的階梯
1 2 3 4 5 6 7 8 9 10 11 12
C D E F G A B
小音階的階梯
1 2 3 4 5 6 7 8 9 10 11 12
A B C D E F G

表示這兩個音階很重要。
接下來，我們來看這兩個音階。

「階梯也有許多種類」篇

總共12階的「半音音階」與6階的「全音音階」

音階即是「音的階梯」，從低音到高音按照順序排列而成，英文稱為「Scale」。首先，我們將C（Do）看做是地面，階梯最上層的一階則當做高一個8度的C（Do）。然後一階的高度是半音，要走12階才會抵達最上層的階梯，這樣就稱為「半音音階（Chromatic Scale）」。實際彈奏看看就會感受到音高緩緩爬升。

舉例來說，在這12階上以每步跳過一階的方式往上爬，就會形成踩6階就到頂端的階梯。而每一階的高度剛好就是半音+半音=全音，也就是大2度。如果把這個音階的起始音定在C（Do），就是「Do、Re、Mi、Fa♯、Sol♯、La♯（、Do）」。這樣的6階音階，就稱為「全音音階」。實際彈奏出來的聲音給人一種飄渺且不可思議的感覺。此外，還有5階就爬到最上層的五聲音階（Pentatonic Scale）。這個音階可以營造東洋風味的氣氛。

獲得特殊待遇的7階「全音階」

以12階的半音音階為基準，改變一階的高度就能做出各種不同的階梯。其中，獲得特殊待遇的就是有7音階的全音階（Diatonic Scale，又稱自然音階）。簡單地說，它就是「從任一白鍵起頭的音階」。一個8度內的白鍵共有七個，所以全音階也有七種。各位熟悉的「Do、Re、Mi、Fa、Sol、La、Si（、Do）」就是其中一種。全音階的特徵在於，不管從哪個音開始，當中一定會有兩階高度皆為半音的情況。

在七種當中，「Do、Re、Mi、Fa、Sol、La、Si（、Do）」稱為「大音階（Major Scale）」；「La、Si、Do、Re、Mi、Fa、Sol（、La）」稱為「小音階（Minor Scale）」。後面會再詳細說明這兩個音階。

順帶一提，這邊所說的全音階和剛才出現過的全音音階，意義上完全不同，不要搞混喔。

CHAPTER3
「肚量小不如心胸寬大」篇

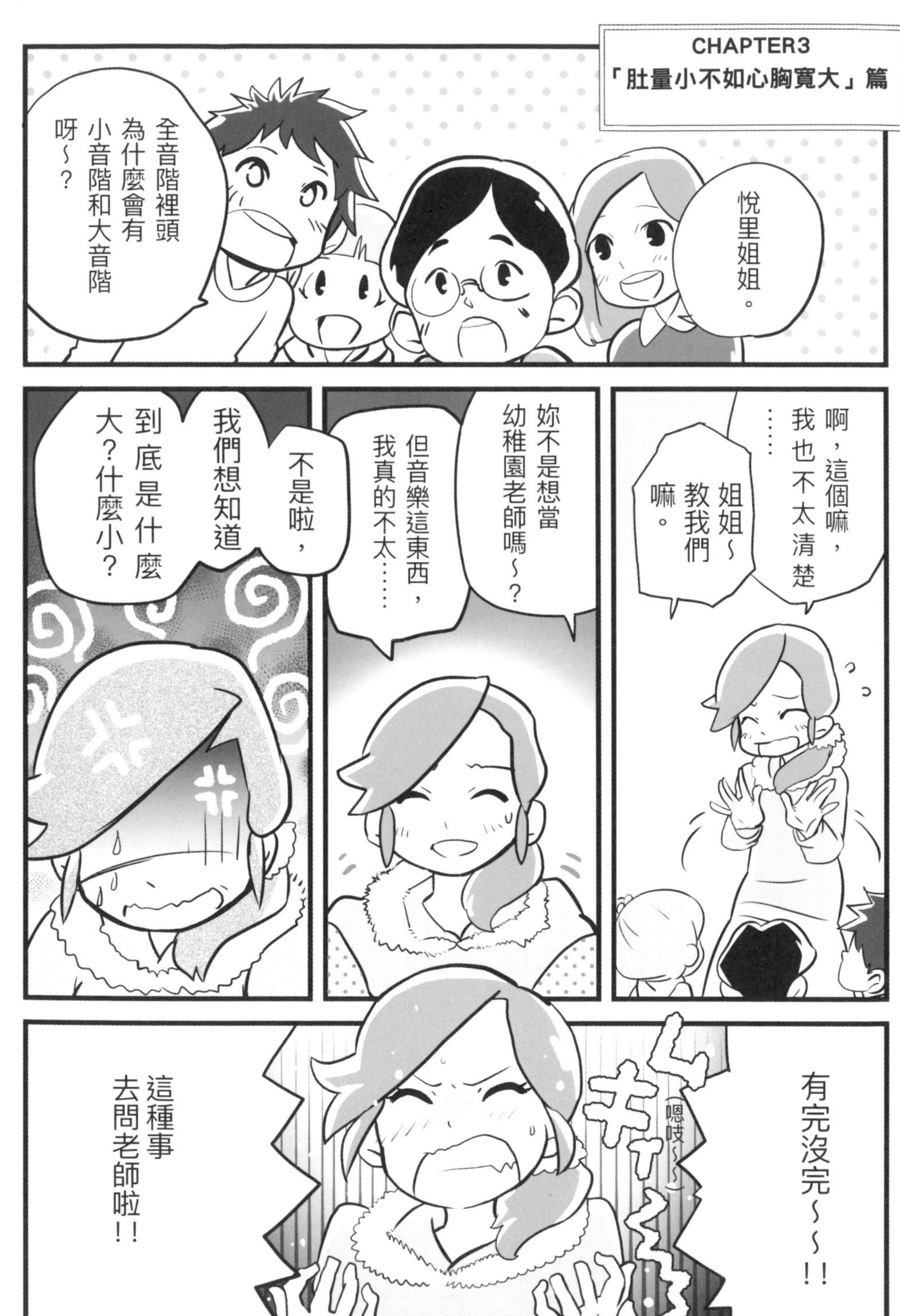

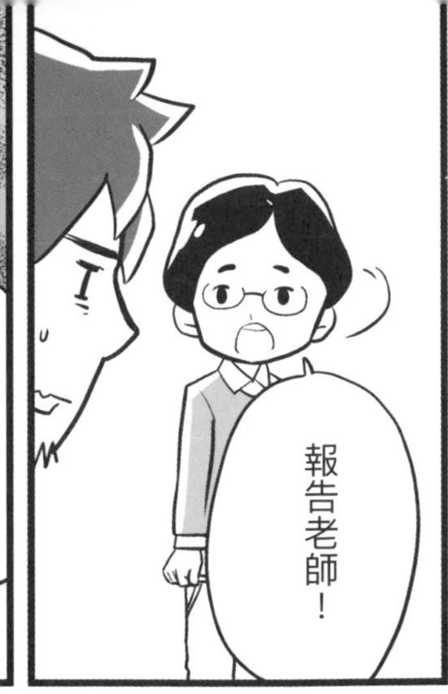

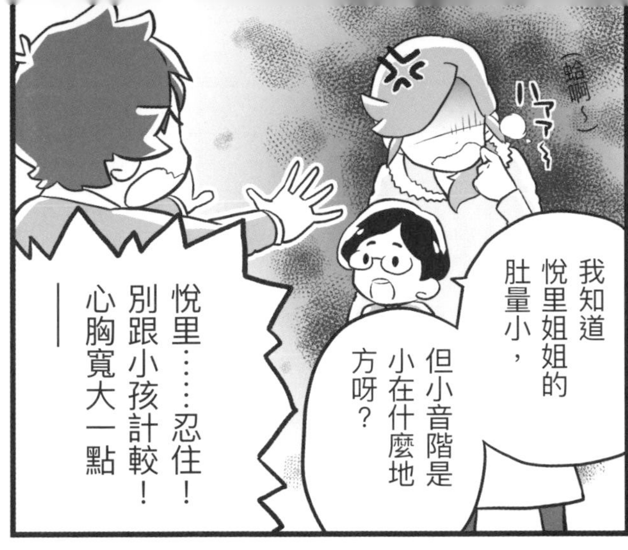

呼——我們來進一步認識「全音階」吧。

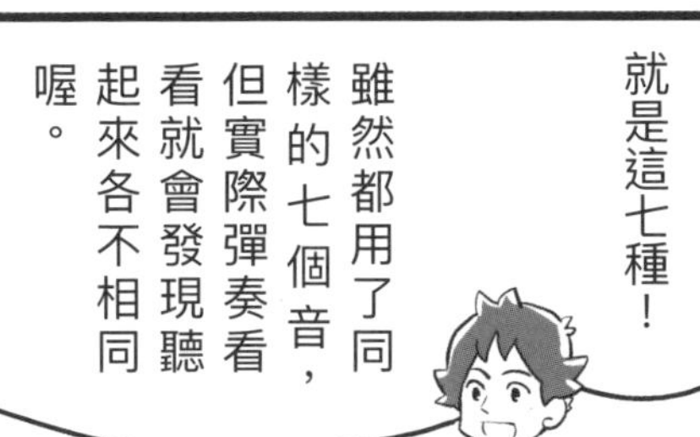

就是這七種！
雖然都用了同樣的七個音，但實際彈奏看看就會發現聽起來各不相同喔。

1. Do Re Mi Fa Sol La Si Do
2. Re Mi Fa Sol La Si Do Re
3. Mi Fa Sol La Si Do Re Mi
4. Fa Sol La Si Do Re Mi Fa
5. Sol La Si Do Re Mi Fa Sol
6. La Si Do Re Mi Fa Sol La
7. Si Do Re Mi Fa Sol La Si

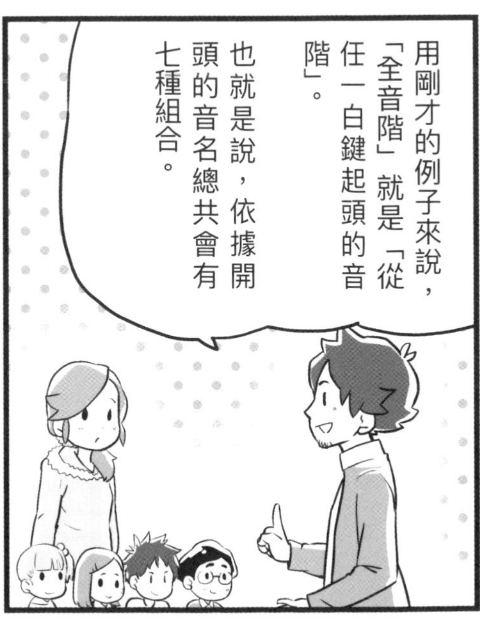

用剛才的例子來說，「全音階」就是「從任一白鍵起頭的音階」。
也就是說，依據開頭的音名總共會有七種組合。

這之中，現在最主要的音階是①和⑥。

這兩個就是小音階和大音階！

① Do Re Mi Fa Sol La Si Do
大音階

⑥ La Si Do Re Mi Fa Sol La
小音階

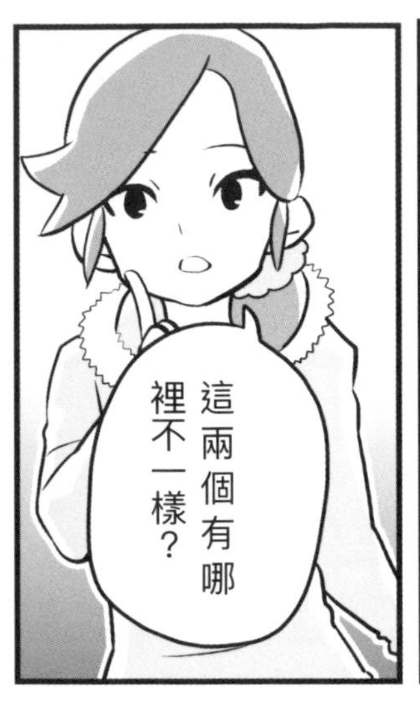

不一樣的地方有兩點，

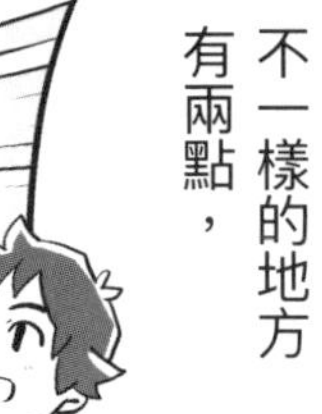

1. 起始音
2. 相鄰各音之間的音程

這兩點差異在其他音階上也說得通啦。

起頭的音名很容易看出來，真正重要的是裡頭每個音之間的音程。

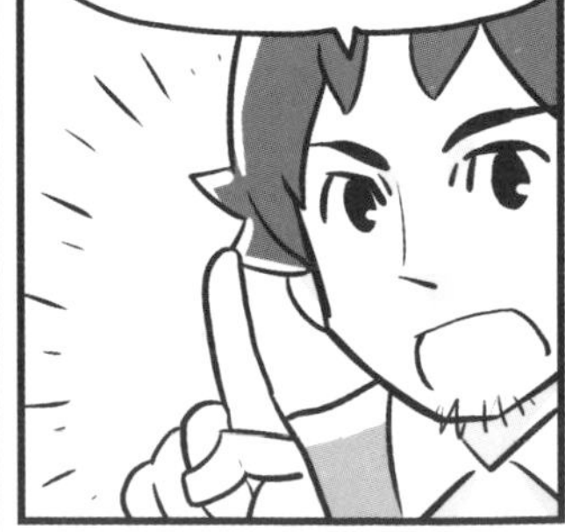

首先是①的大音階，這個就是大眾熟悉的「Do、Re、Mi、Fa、Sol、La、Si、Do」。

我們用半音來數算相鄰各音之間的音程吧。

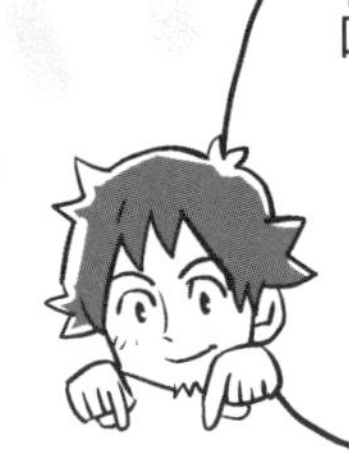

Do	Re	Mi	Fa	Sol	La	Si	Do
C	D	E	F	G	A	B	C

C–D	D–E	E–F	F–G	G–A	A–B	B–C
0.5×2=	0.5×2=	0.5×1=	0.5×2=	0.5×2=	0.5×2=	0.5×1=
1鍵	1鍵	0.5鍵	1鍵	1鍵	1鍵	0.5鍵

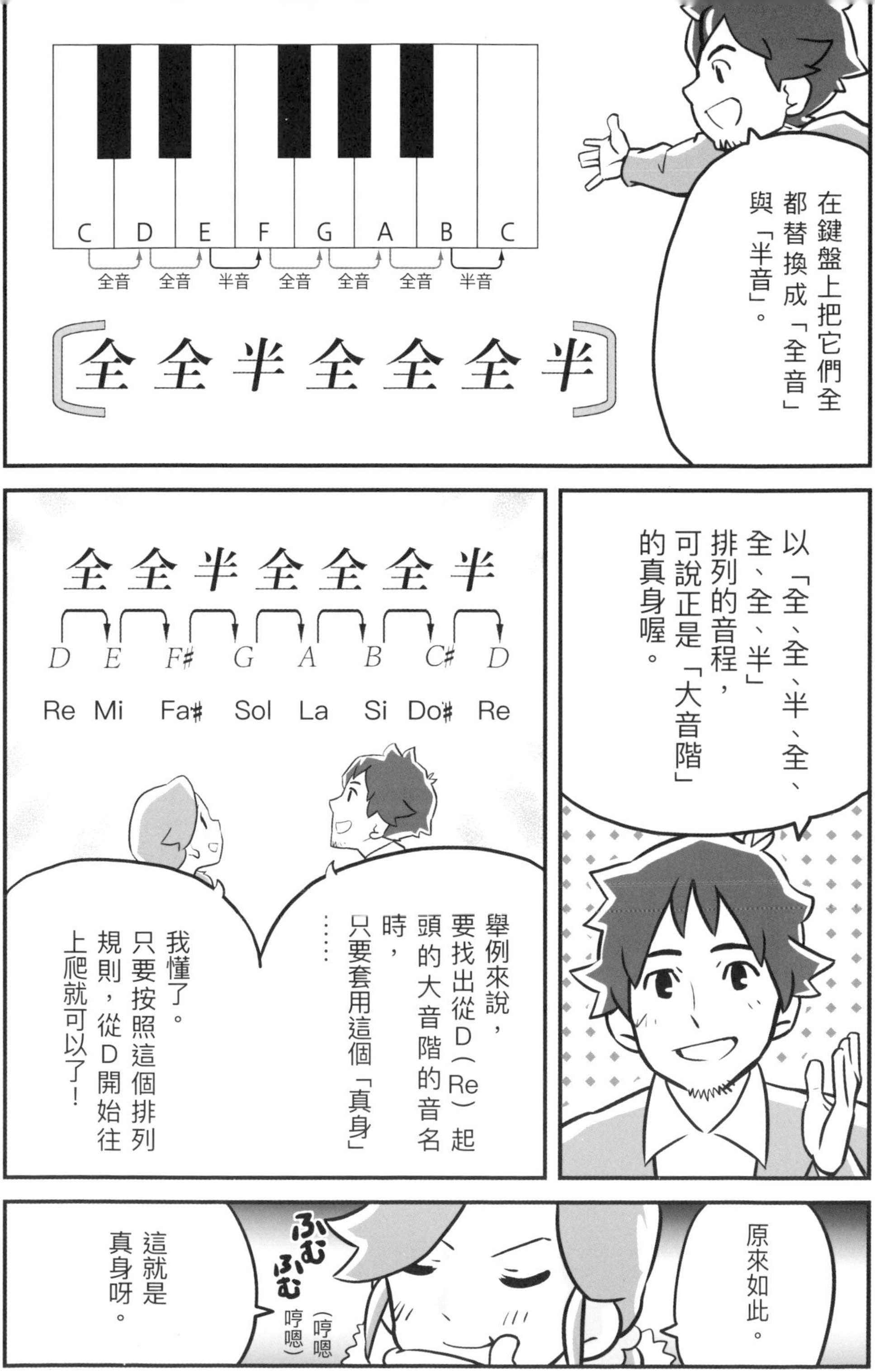

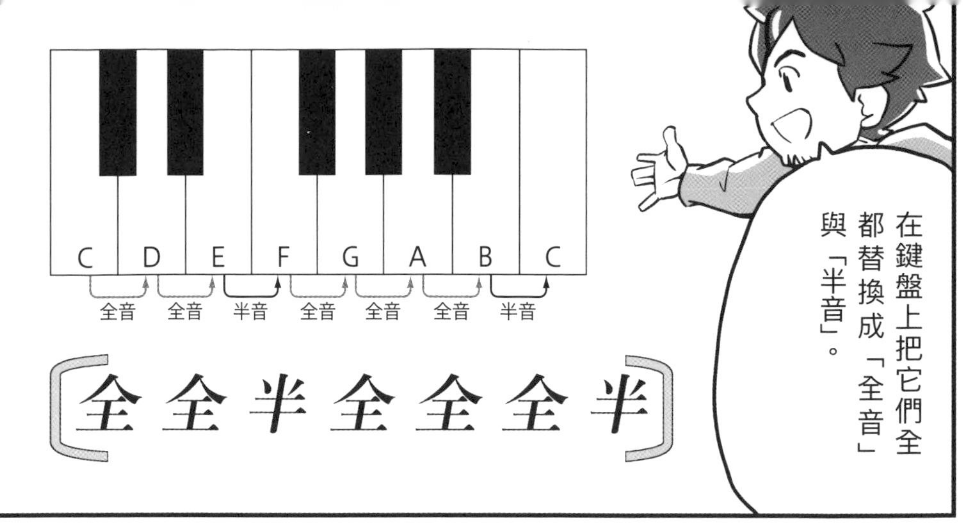

以「全、全、半、全、全、全、半」排列的音程，可說正是「大音階」的真身喔。

全全半全全全半

D E F♯ G A B C♯ D

Re Mi Fa♯ Sol La Si Do♯ Re

舉例來說，要找出從D（Re）起頭的大音階的音名時，只要套用這個「真身」……

我懂了。只要按照這個排列規則，從D開始往上爬就可以了！

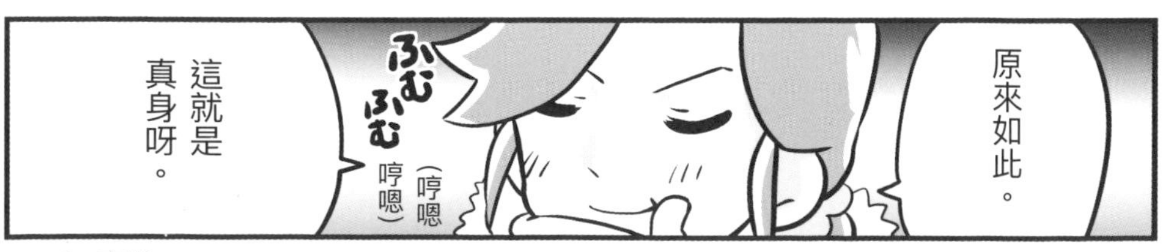

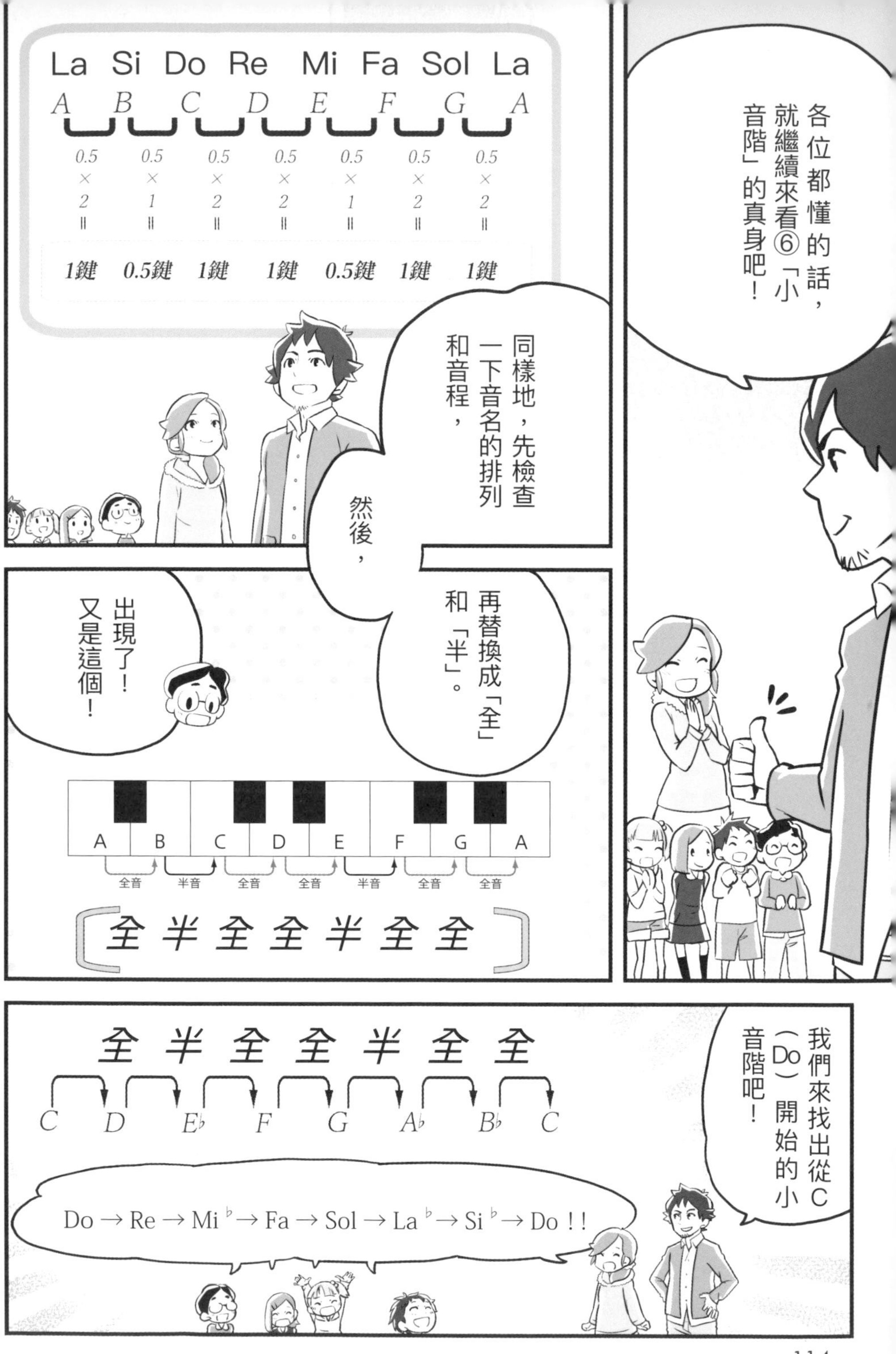

各位都懂的話，就繼續來看⑥「小音階」的真身吧！

La	Si	Do	Re	Mi	Fa	Sol	La
A	B	C	D	E	F	G	A

0.5 × 2 =	0.5 × 1 =	0.5 × 2 =	0.5 × 2 =	0.5 × 1 =	0.5 × 2 =	0.5 × 2 =
1鍵	0.5鍵	1鍵	1鍵	0.5鍵	1鍵	1鍵

同樣地，先檢查一下音名的排列和音程，

然後，

再替換成「全」和「半」。

出現了！又是這個！

A	B	C	D	E	F	G	A

全音 半音 全音 全音 半音 全音 全音

〔全 半 全 全 半 全 全〕

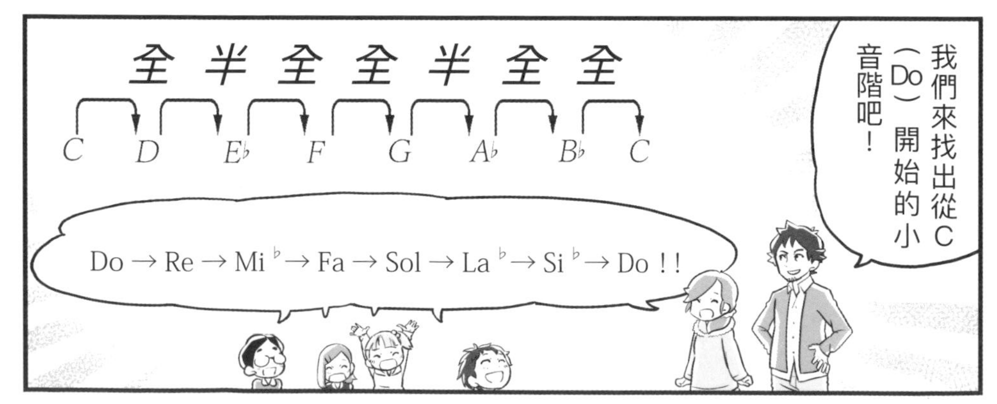

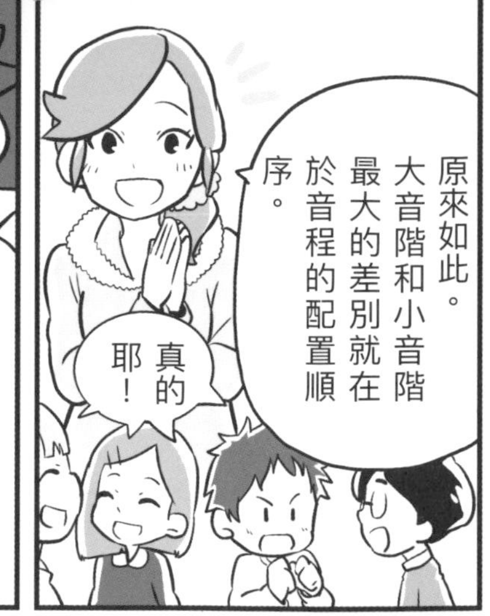
原來如此。
大音階和小音階
最大的差別就在
於音程的配置順
序。
真的耶！

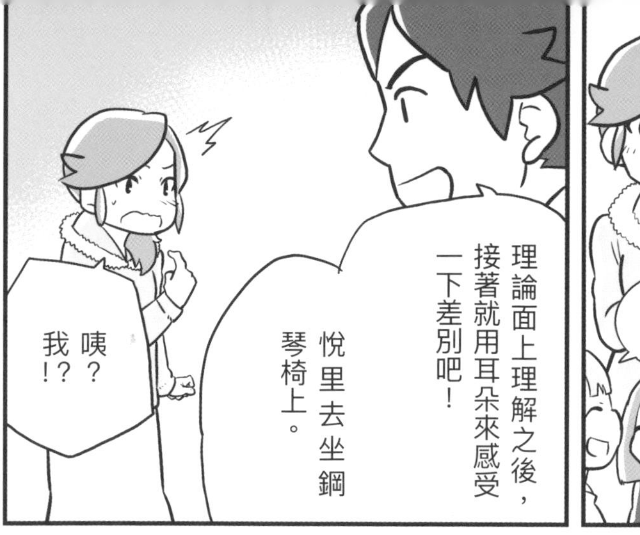
理論面上理解之後，
接著就用耳朵來感受
一下差別吧！
悅里去坐鋼
琴椅上。
咦？
我！？

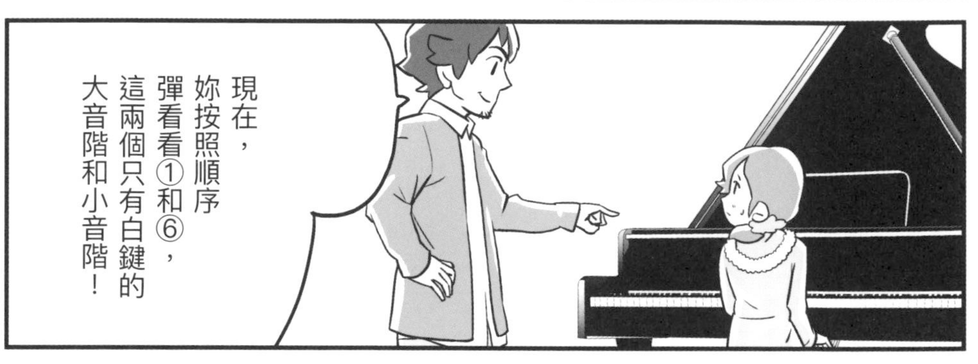
現在，
妳按照順序
彈看看①和⑥，
這兩個只有白鍵的
大音階和小音階！

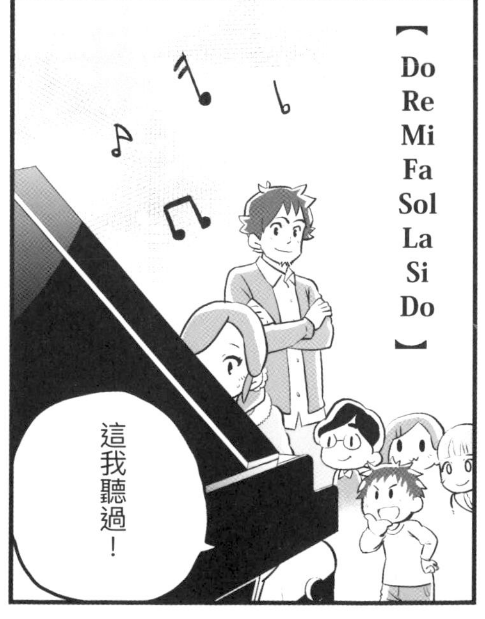
【Do Re Mi Fa Sol La Si Do】
這我聽過！

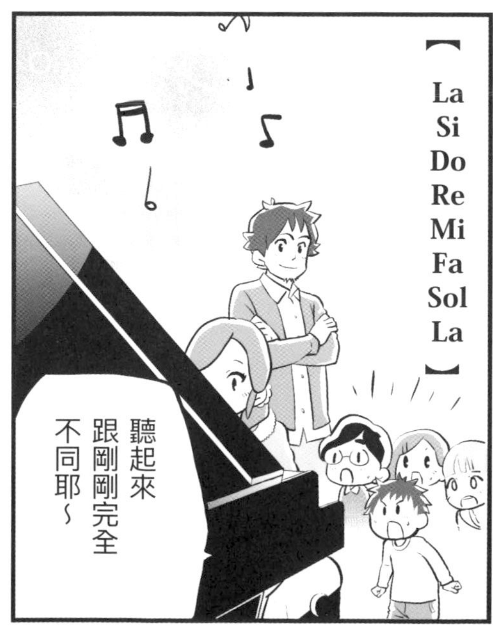
【La Si Do Re Mi Fa Sol La】
聽起來
跟剛剛完全
不同耶～

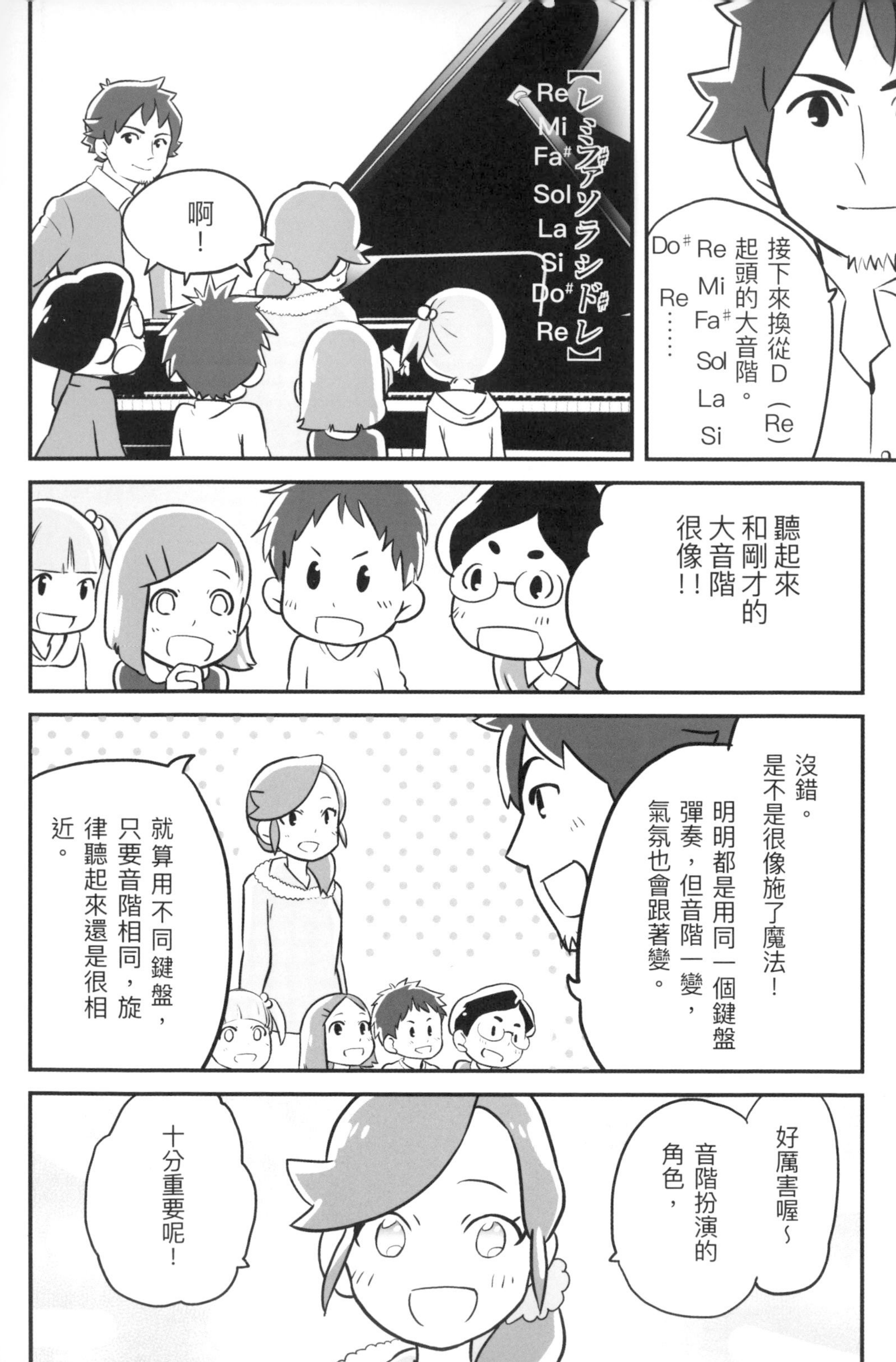

接下來換從D（Re）起頭的大音階。
Re Mi Fa# Sol La Si Do# Re……
【レミファ#ソラシド#レ】
Re Mi Fa# Sol La Si Do# Re
啊！
聽起來和剛才的大音階很像！！
沒錯。是不是很像施了魔法！
明明都是用同一個鍵盤彈奏，但音階一變，氣氛也會跟著變。
就算用不同鍵盤，只要音階相同，旋律聽起來還是很相近。
好厲害喔～音階扮演的角色，
十分重要呢！

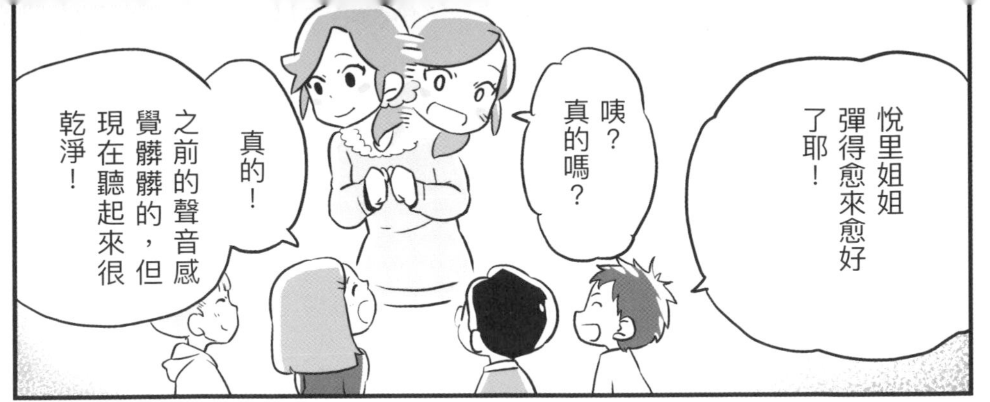
悅里姐姐彈得愈來愈好了耶！
咦？真的嗎？
真的！之前的聲音感覺髒髒的，但現在聽起來很乾淨！

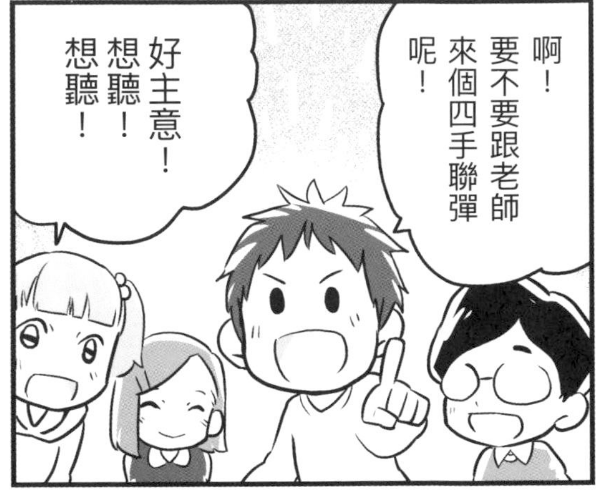
啊！要不要跟老師來個四手聯彈呢！
好主意！想聽！想聽！

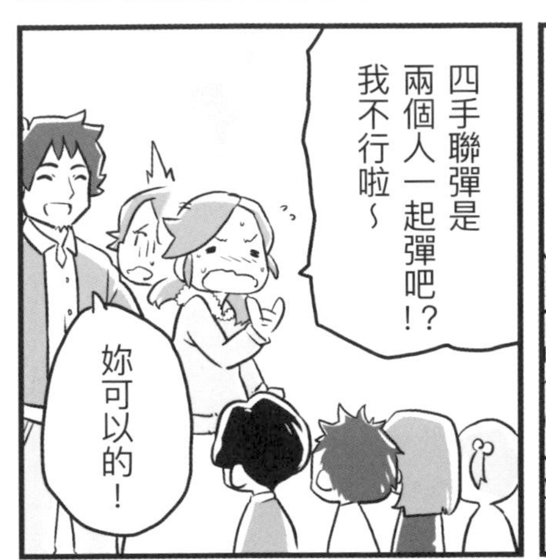
四手聯彈是兩個人一起彈吧!?我不行啦～
妳可以的！

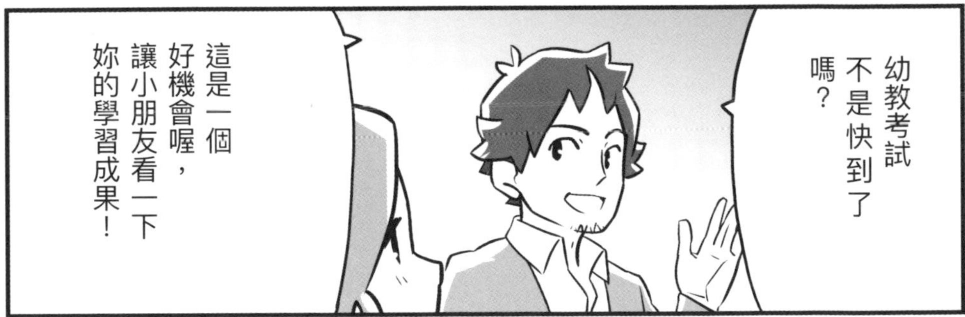
幼教考試不是快到了嗎？
這是一個好機會喔，讓小朋友看一下妳的學習成果！

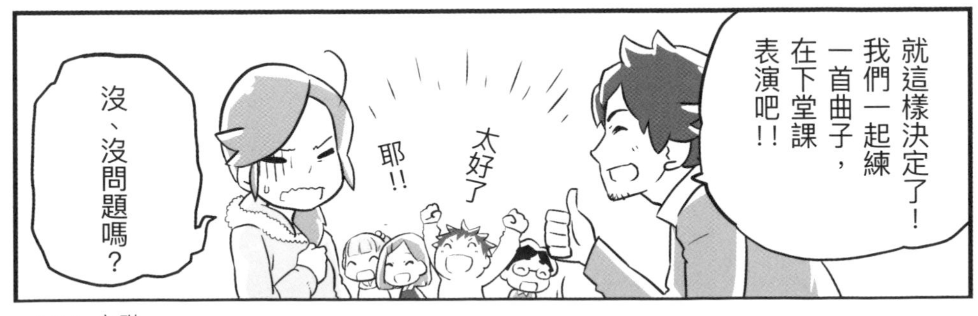
就這樣決定了！我們一起練一首曲子，在下堂課表演吧!!
太好了
耶!!
沒、沒問題嗎？

Chapter 3

「肚量小不如心胸寬大」篇

♪全音階的雙前鋒——大音階及小音階

在前面的漫畫中，我們已經學會全音階，也就是只用白鍵彈奏的7階音階。而且依據起始的白鍵位置不同，可以知道總共有七種。全部羅列出來就如**圖**中①~⑦。其中，稱為大音階的是①「Do、Re、Mi、Fa、Sol、La、Si（、Do）」，而稱為小音階的是⑥「La、Si、Do、Re、Mi、Fa、Sol（、La）」，這兩個是最主要的音階。不過，趁這次機會也來看一下其他的全音階吧。

圖中②~⑤是只用旋律寫音樂的中世紀，最主要使用的音階。在羅馬天主教會上歌頌的聖歌〈葛果利聖歌〉，也有使用這種音階。現代將這些音階稱為「調式」。①和⑥是比較晚才加入的音階。不過，隨著時代的演變，這兩個新生代壓倒了其他音階，以大音階與小音階之名，擁有不可動搖的地位。此外，⑦在理論上雖然成立，實際上卻是很難運用的音階。

圖 擁有7種面貌的全音階

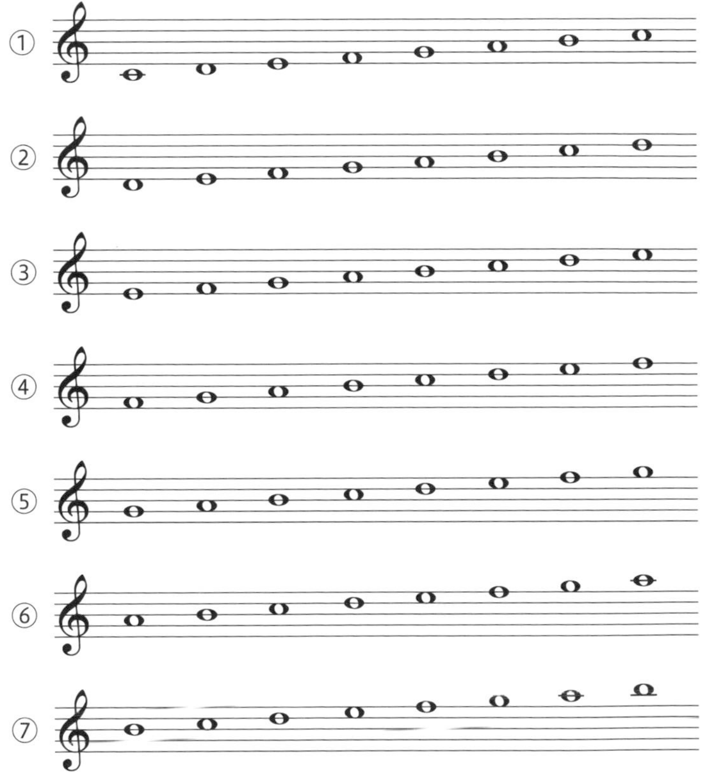

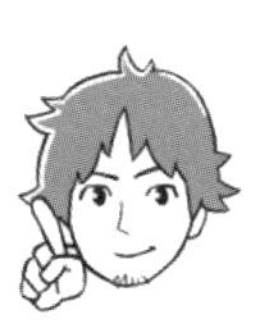

彈看看①～⑦的音階，就能明白「明明都是用這7個音組成，但起始音不同，而有截然不同的聽覺感受」！

♪大音階和小音階給人的印象不同

大音階和小音階是如何產生不同的印象呢?大音階和小音階的差異在於「起始音」與「相鄰各音的配置間隔(音程)」。這兩個要素是建立音階特徵的重點(當然在其他全音階上也是一樣)。

我們先來看大音階。用7個白鍵音組成的大音階,也就是「Do、Re、Mi、Fa、Sol、La、Si(、Do)」,若以半音=0.5鍵換算,並且將相鄰各音的音程寫下來,就如圖①所示。而用全音和半音標示在鍵盤上的話,就如圖②。這個「全、全、半、全、全、全、半」的音程序列,正是大音階的正字標記。

接著是小音階。用7個白鍵音組成的小音階是「La、Si、Do、Re、Mi、Fa、Sol(、La)」。同樣以半音的間隔來數算,就會得出「全、半、全、全、半、全、全」的序列(圖③)。換句話說,音程排列上的差異,正是造成大音階和小音階之所以有不同印象的原因。特別是「第2個音程是全音或半音」,這點也成為兩者聽覺感受上最重要的特徵。

圖① 大音階中相鄰各音之間的音程

C(Do) 與 D(Re)　0.5 鍵 ×2=1 鍵
D(Re) 與 E(Mi)　0.5 鍵 ×2=1 鍵
E(Mi) 與 F(Fa)　0.5 鍵 ×1=0.5 鍵
F(Fa) 與 G(Sol)　0.5 鍵 ×2=1 鍵
G(Sol) 與 A(La)　0.5 鍵 ×2=1 鍵
A(La) 與 B(Si)　0.5 鍵 ×2=1 鍵
B(Si) 與 C(Do)　0.5 鍵 ×1=0.5 鍵

圖② 大音階各音之間的音程

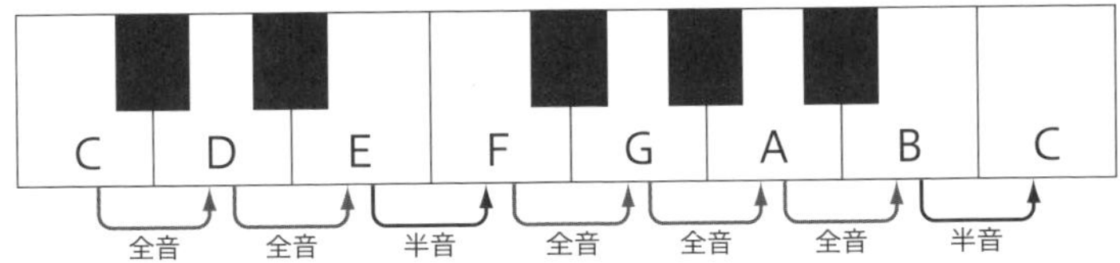

圖③ 小音階各音之間的音程

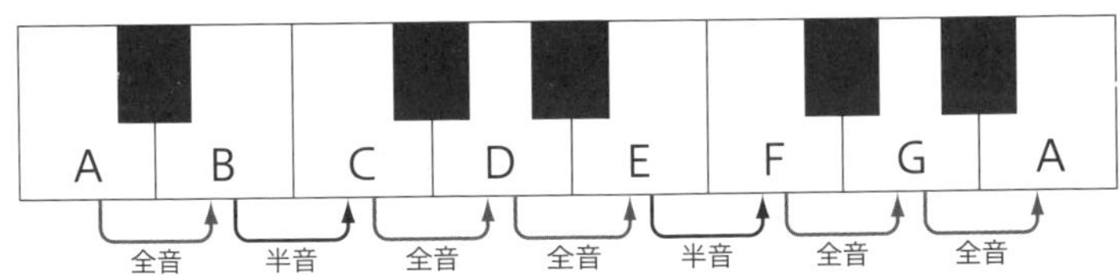

♪不管從哪個音開始給人的印象都一樣？

這裡就以實際例子來說明。請從低到高一一列出D（Re）起頭的大音階的音名。首先必須回想大音階的配置順序「全、全、半、全、全、全、半」。接著以D（Re）做為起始音，逐一把各音填進去，比D（Re）高一個全音的是E（Mi），比E（Mi）高一個全音的是F♯（Fa♯），而比F♯（Fa♯）高一個半音的是G（Sol）……依此類推，最後就會得出「Re、Mi、Fa♯、Sol、La、Si、Do♯（、Re）」的音階。試著彈奏出該音階，就會發現雖然音高改變了，但音階聲響給人的印象，和剛才的「Do、Re、Mi、Fa、Sol、La、Si（、Do）」差不多。

再舉其他的例子。從低到高一一列出C（Do）開頭的小音階的音名，又會是怎樣的情況呢？小音階是以「全、半、全、全、半、全、全」的排列順序組成。首先，將C（Do）做為起始音，按照這個順序逐一配置音名的話，比C（Do）高一個全音的是D（Re），比D（Re）高一個半音的是E♭（Mi♭），而比E♭（Mi♭）高一個全音的是F（Fa）……依此排列下去，最後就會得到「Do、Re、Mi♭、Fa、Sol、La♭、Si♭（、Do）」的音階。實際彈奏便會發現它給人的印象，果然和以A（La）開頭的小音階相似。順便也彈奏看看以其他音做為起始音的大音階與小音階。那些音階給人的聽覺印象，也都有相同的感受。

該怎麼分辨大音階及小音階？

我們已經理解大音階和小音階是使用同樣的七個音，不過該如何從旋律分辨兩者的差別呢？其實在大多的情況下，如果旋律的第一個音與最後一個音為C（Do）時，就可以判斷該音階是大音階。如果為A（La），就是小音階。另外，當第一個音與最後一個音是這兩者以外的音時，也可以從旋律的展開中，觀察C（Do）和A（La）哪一個比較像主角、出現頻率較多來判斷。簡單來說，就是「如果C（Do）常出現，那就是大音階；如果A（La）常出現，就是小音階」。

從另一個角度來說，「以大音階（Do、Re、Mi、Fa、Sol、La、Si、Do、Re、Mi、Fa、Sol、La）的第6個音做為起始音時，就是小音階」，而「以小音階（La、Si、Do、Re、Mi、Fa、Sol、La、Si、Do）的第3個音做為起始音，就是大音階」。換句話說就是分別以第6個音和第3個音做為切換大小音階的關鍵。

結語

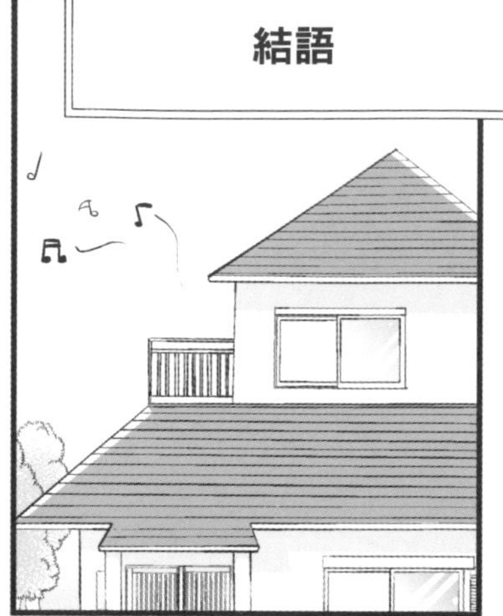

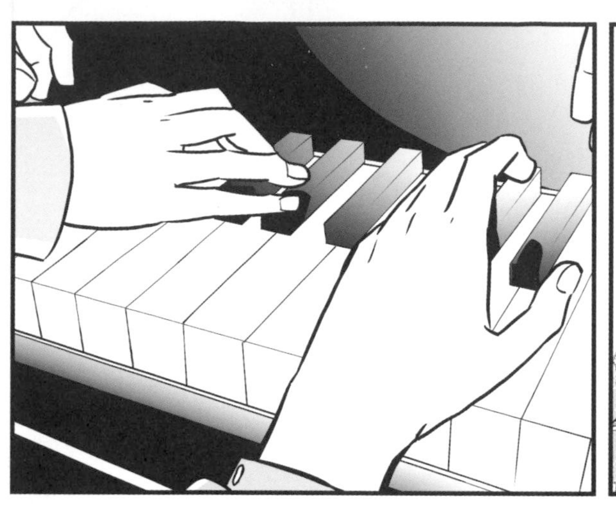

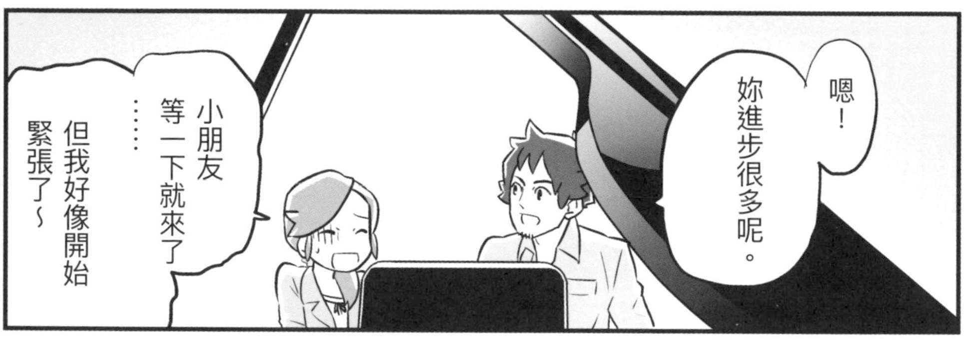

嗯！妳進步很多呢。
小朋友等一下就來了……但我好像開始緊張了～

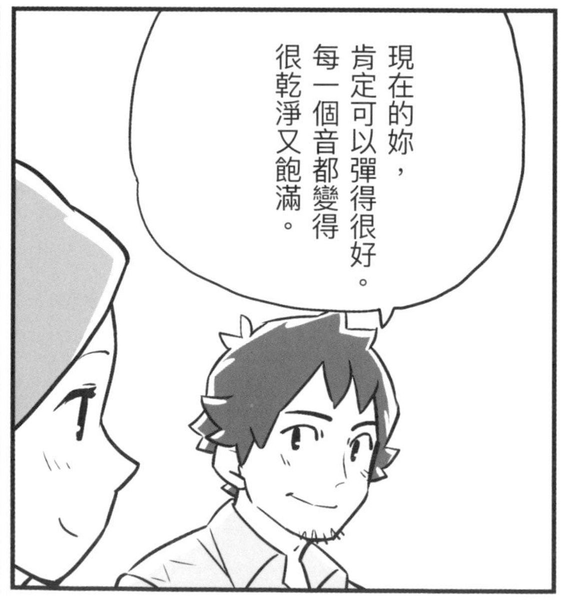

現在的妳，肯定可以彈得很好。每一個音都變得很乾淨又飽滿。

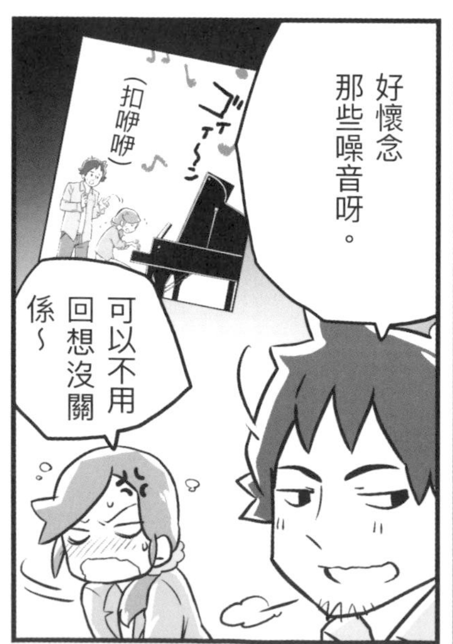

好懷念那些噪音呀。
（扣咿咿）
可以不用回想沒關係～

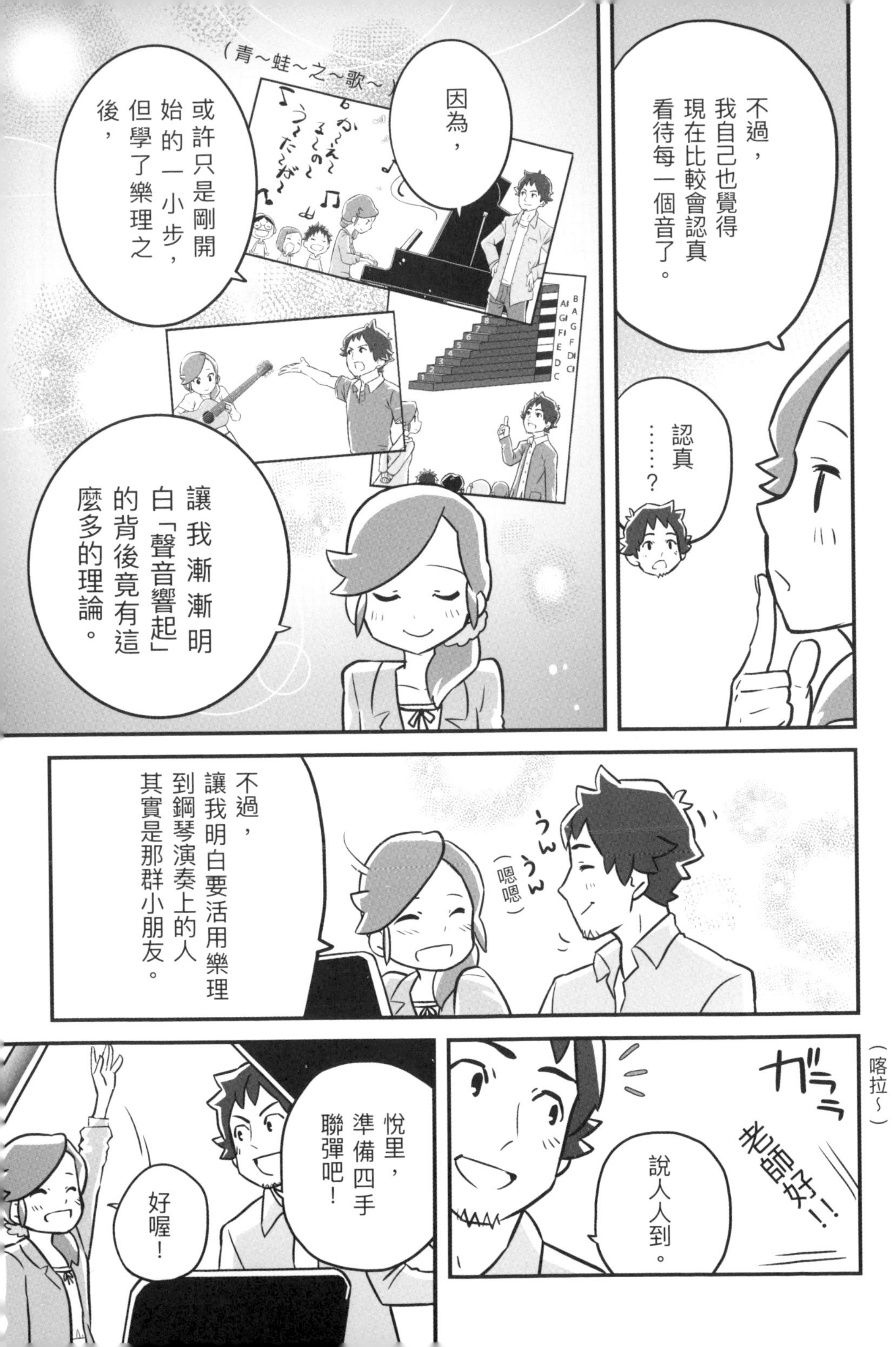

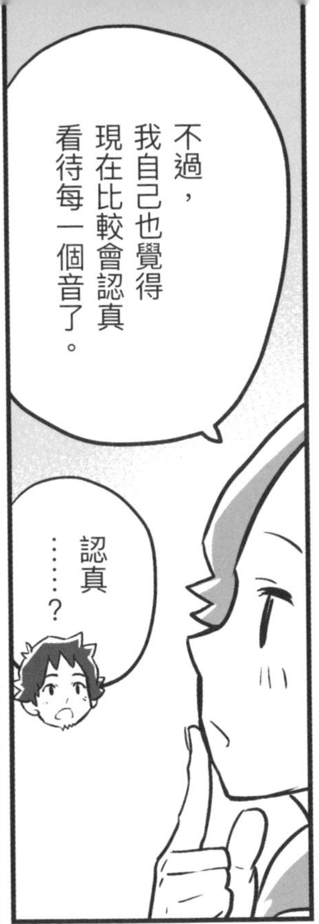

因為，

（青～蛙～之～歌～）

或許只是剛開始的一小步，但學了樂理之後，

讓我漸漸明白「聲音響起」的背後竟有這麼多的理論。

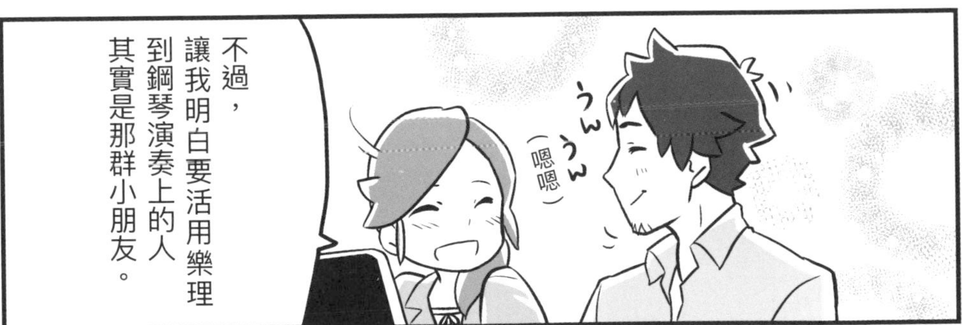

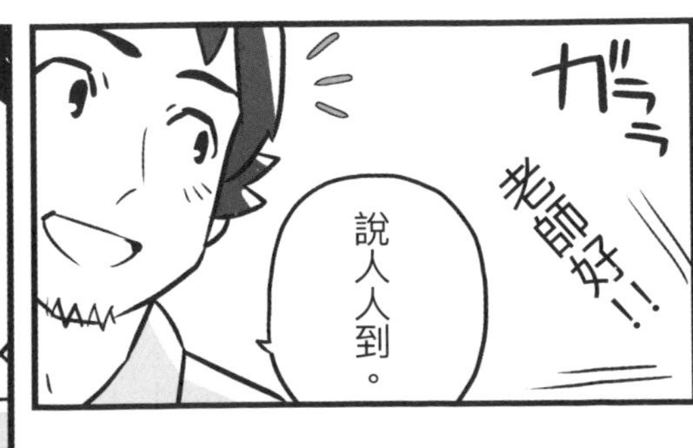

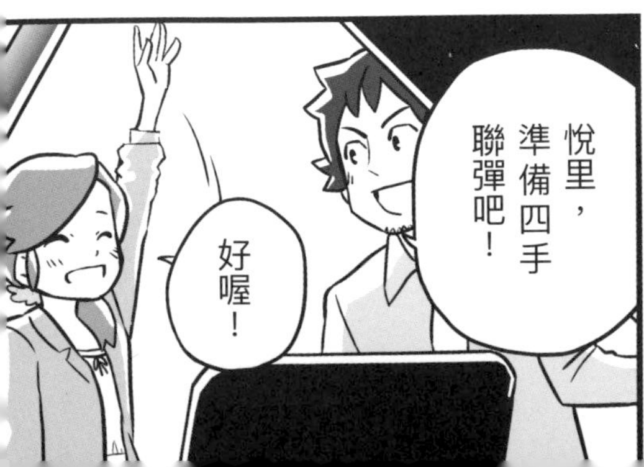

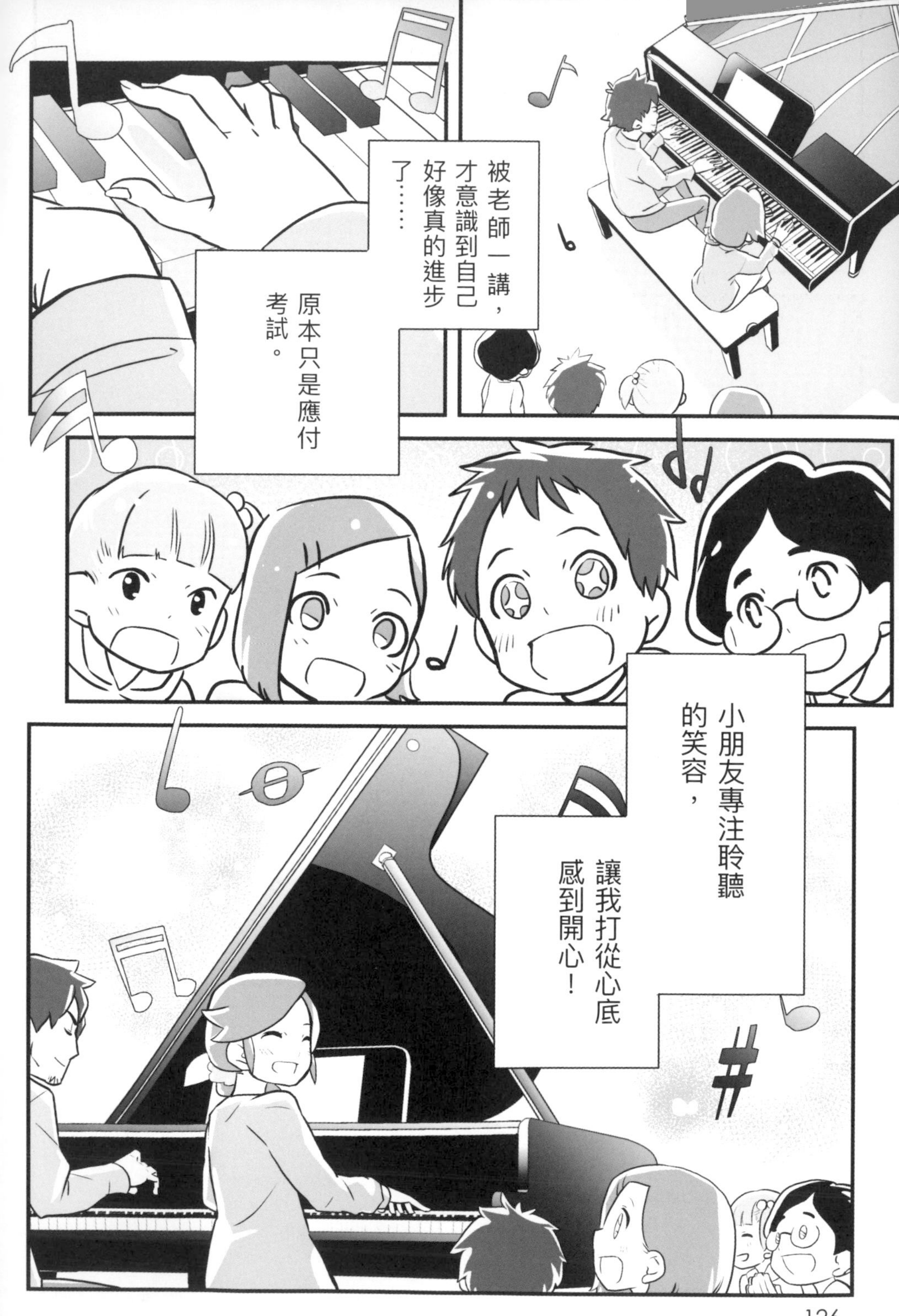
被老師一講，才意識到自己好像真的進步了……
原本只是應付考試。
小朋友專注聆聽的笑容，
讓我打從心底感到開心！

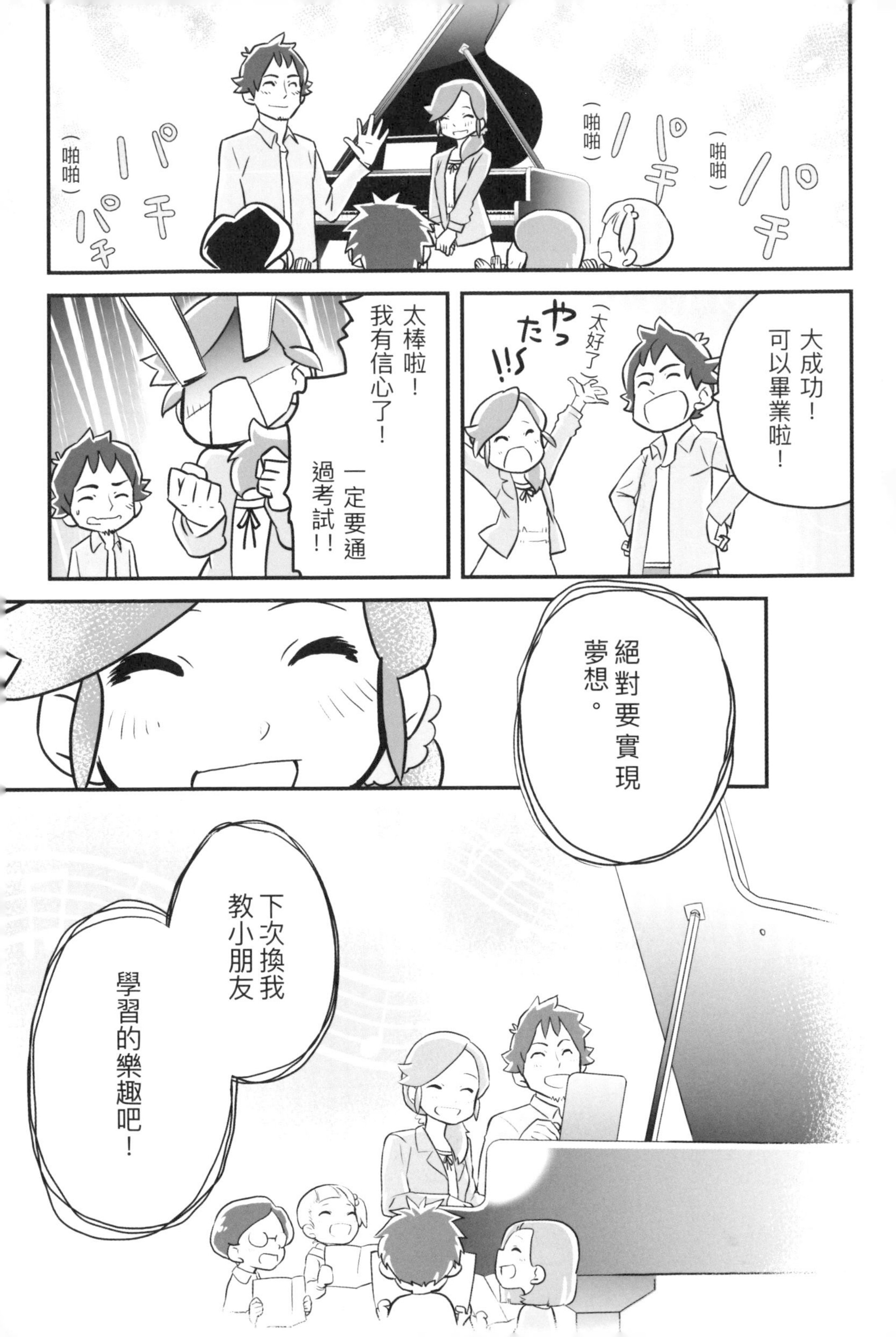

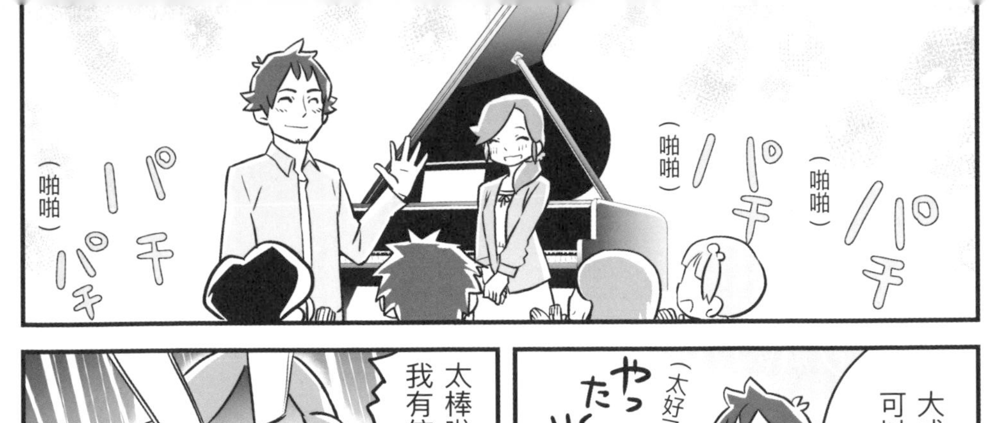

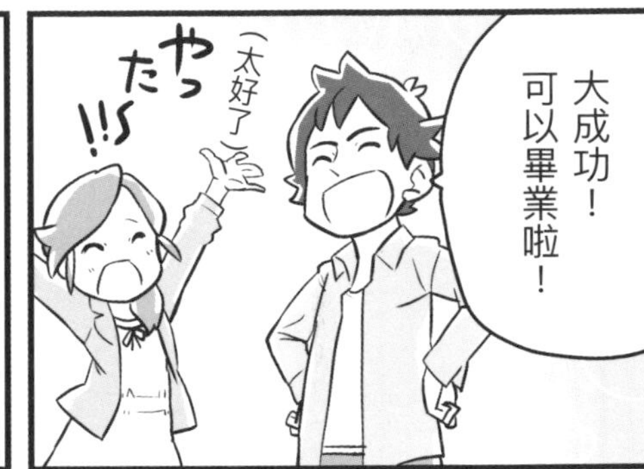

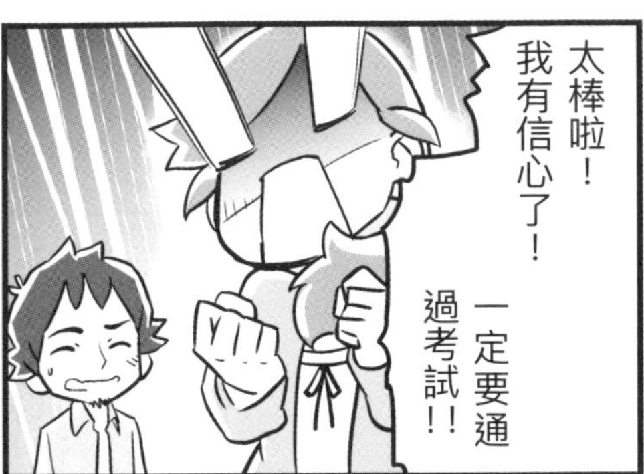

絕對要實現夢想。

下次換我教小朋友

學習的樂趣吧！

國家圖書館出版品預行編目資料

超音樂理論 泛音・音程・音階 / 侘美秀俊監修；坂元輝彌繪製；徐欣怡譯.
-- 初版. -- 臺北市：易博士文化, 城邦文化出版：家庭傳媒城邦分公司發
行, 2021.10　128面；　14.8×21公分
譯自：マンガでわかる！音楽理論
ISBN　978-986-480-195-4(平裝)
1.樂理
911.1　　110016308

DA2019

超音樂理論 泛音・音程・音階

原著書名 / マンガでわかる！音楽理論
原出版社 / 株式会社リットーミュージック
作　　者 / 侘美秀俊監修；坂元輝彌繪製
譯　　者 / 徐欣怡
編　　輯 / 鄭雁聿
業務經理 / 羅越華
總 編 輯 / 蕭麗媛
視　　覺 / 陳栩椿
總　　監 / 何飛鵬
發 行 人 / 易博士文化
出　　版 / 城邦文化事業股份有限公司
台北市中山區民生東路二段 141 號 8 樓
電話：(02) 2500-7008 傳真：(02) 2502-7676
E-mail：ct_easybooks@hmg.com.tw
英屬蓋曼群島商家庭傳媒股份有限公司城邦分公司
發　　行 / 台北市中山區民生東路二段 141 號 2 樓
書虫客服服務專線：(02)2500-7718、2500-7719
服務時間：週一至週五上午 09:30-12:00；下午 13:30-17:00
24 小時傳真服務：(02) 2500-1990、2500-1991
讀者服務信箱：service@readingclub.com.tw
劃撥帳號：19863813
戶名：書虫股份有限公司
城邦（香港）出版集團有限公司
香港發行所 / 香港灣仔駱克道 193 號東超商業中心 1 樓
電話：(852) 2508-6231　傳真：(852) 2578-9337
E-mail：hkcite@biznetvigator.com
城邦（馬新）出版集團 [Cite (M) Sdn. Bhd.]
馬新發行所 / 41, Jalan Radin Anum, Bandar Baru Sri Petaling,
57000 Kuala Lumpur, Malaysia
電話：(603) 9057-8822　傳真：(603) 9057-6622
E-mail：cite@cite.com.my
製版印刷 / 卡樂彩色製版印刷有限公司

■ 2021 年 10 月 21 日 初版 1 刷
Printed in Taiwan
ISBN　978-986-480-195-4

定價 350 元　HK$117